Ulrike Hollender
Erfolgreich recherchieren – Romanistik
De Gruyter Studium

Erfolgreich recherchieren

Herausgegeben von
Klaus Gantert

Ulrike Hollender

Erfolgreich recherchieren – Romanistik

—

DE GRUYTER
SAUR

ISBN 978-3-11-027104-1
e-ISBN 978-3-11-027113-3
ISSN 2194-3443

Library of Congress Cataloging-in-Publication Data
A CIP catalog record for this book has been applied for at the Library of Congress.

Bibliografische Information der Deutschen Nationalbibliothek
Die Deutsche Nationalbibliothek verzeichnet diese Publikation in der
Deutschen Nationalbibliografie; detaillierte bibliografische Daten
sind im Internet über http://dnb.dnb.de abrufbar.

© 2012 Walter de Gruyter GmbH & Co. KG, Berlin/Boston
Satz: jürgen ullrich typosatz, Nördlingen
Druck und Bindung: Hubert & Co. GmbH & Co. KG, Göttingen
∞ Gedruckt auf säurefreiem Papier
Printed in Germany

www.degruyter.com

Inhaltsverzeichnis

Einleitung: Googlest Du noch oder recherchierst Du schon?

Dieses Buch will Ihnen kein schlechtes Gewissen machen, weil Sie mit **Google** recherchieren. Das tun wir alle. Und es ist schnell und oft hilfreich. Aber wie oft auch werden Sie erschlagen von riesigen Treffermengen, und doch haben Sie nicht das Richtige gefunden? Ab dem wievielten Treffer verlieren Sie die Geduld, weil auf zehn „Treffer" aus Telefonbüchern, Facebook und Amazon allenfalls *ein* halbwegs brauchbarer Fund kommt? Wussten Sie, dass die vorderen Plätze nicht unbedingt ein Qualitätsmerkmal bedeuten, sondern z. B. dadurch bestimmt sind, wie oft ein Dokument verlinkt ist? Kommerzielle Interessen sind ebenfalls nicht auszuschließen, selbst bei den Seiten, die nicht als Anzeige gekennzeichnet sind.

---

www.google.de **Links**
www.google.fr
www.google.es
www.google.it
Das französische, spanische und italienische Google kann Ihnen relevantere Treffer bringen.

Die Trefferzahl pro Seite bei Google in den Sucheinstellungen von 10 auf 100 (rechts **Tipp!** oben beim Zahnrad) zu erhöhen, erspart häufiges Weiterklicken.

Was ist denn überhaupt in Google „drin"? Google ist ein Webcrawler, eine große Worteinsammelmaschine, die Websites automatisch abgrast und einen Teil der dort gefundenen Worte in einen großen Topf, den Index, wirft. Es werden nur solche Seiten indexiert, die mit anderen verlinkt sind. Wenn ein Romanistikdozent eine hervorragende Quellensammlung für das Französischstudium kostenlos im Netz zur Verfügung stellt, aber keine Links auf andere Seiten einbaut und wenn andererseits kein Dritter auf die Dozentenseiten einen Link gesetzt hat, dann kann diese Sammlung inhaltlich noch so qualitätsvoll sein – sie wird von Google kaum gefunden werden.

Bessere Treffer in Google etc. erhalten Sie durch Anführungszeichen um Wörter, die **Phrasen-** nebeneinander auftauchen sollen: **„Alexandre Dumas"** bringt hochwertigere Treffer **suche** als nur **Alexandre Dumas;** noch besser: **„Alexandre Dumas père"**!

Noch viel bedenklicher aber ist, dass Google nur die Oberfläche von Websites absucht und zumeist nicht in das Innere der vielleicht dahinterliegenden Datenbanken guckt. Google ist also meist nicht in der Lage, das *deep web* oder *invisible web* darzustellen – die vielen nützlichen Datenbanken nämlich, die oft viel genauere und qualitätsvollere Informationen bieten als die von Google eingesammelten Websites.

Zeigen Sie, dass Sie mehr können als Worte in einen Suchschlitz einzutippen und geben Sie sich nicht allein mit dem zufrieden, was Ihnen zwischen viel Werbung geboten wird, sondern lernen Sie, wie man seriös und trotzdem schnell und erfolgreich für eine wissenschaftliche Arbeit recherchiert!

Empfohlen: die französischen Tiefen des Netzes

Zu den Tiefen des Netzes gleich einmal ganz konkret: Eine neue Anwendung der Französischen Nationalbibliothek (BnF) holt die Inhalte des *deep web* der BnF-Datenbanken ans Licht: **http://data.bnf.fr** bietet Ihnen – als Betaversion zunächst für die französischen Klassiker – eine Zusammenstellung aller Informationen aus unterschiedlichen Quellen. Diese werden mit den Methoden des Semantic Web automatisch gebündelt und damit übersichtlich dargestellt. Nehmen wir z. B. Alexandre Dumas: Sie finden auf einer Seite Informationen zur Biographie (inkl. Pseudonyme), haben Zugang zu den digitalisierten Werken und erhalten eine umfangreiche Aufstellung, an welchen Werken Dumas in verschiedener Funktion beteiligt war (z. B. als Herausgeber, Verfasser von Vor- und Nachworten, als Übersetzer, Briefempfänger, Autor von Sachbüchern, als Anreger für musikalische Kompositionen und Adaptionen seiner Werke durch spätere Autoren). Diese Zusammenstellung erspart Ihnen die Suche in mehreren Datenbanken (z. B. der Musik- und der Handschriften-Datenbank der BnF) und ordnet für Sie automatisch die vielen Eintragungen zu sinnvollen Kategorien. Außerdem werden Sie z. B. zum Katalog des *Centre national de la littérature pour la jeunesse* verlinkt, in dem automatisch die Kinder- und Jugendbuchfassungen der Werke Dumas' gesucht werden.

Auf einen Klick die Literatur zu Alexandre Dumas zu recherchieren und die Texte gleich leserfertig auf den Bildschirm zu bekommen – das wünschen wir uns alle. Die Wahrheit ist: so schön einfach geht es nur in Ausnahmefällen. Auch wenn die verschiedenen Informationsmittel immer mehr ineinander übergehen: Die Literaturbeschaffung besteht meistens noch immer aus zwei Schritten. Zunächst ermitteln Sie Literaturangaben, also Hinweise auf Bücher und Aufsätze. Anschließend müssen Sie irgendwie an diese Texte gelangen, sie in Bibliothekskatalogen finden oder in Volltextdatenbanken auf den Bildschirm bekommen.

Die klassische Literaturrecherche besteht immer aus zwei Schritten:
1.) Literaturangaben finden und
2.) diese Literatur tatsächlich beschaffen

Im Basic-Kapitel erläutere ich Ihnen die wichtigsten elektronischen Quellen für Ihre Literaturrecherche („Literatur finden") und dann die grundlegenden Wege, wie Sie die „Literatur beschaffen". Wenn Sie es dann noch genauer wissen wollen: Skip to Advanced! In diesem Kapitel werden die gerade für die Romanistik immer noch wichtigen gedruckten Bibliographien und weitere elektronische Ressourcen erläutert, mit denen Sie sich bei Ihrem Dozenten und Ihrer Dozentin als Profi empfehlen können (als Philologin und Frau erlaube ich mir übrigens im Folgenden, weitgehend auf die femininen Formen zu verzichten).

„Ressourcen" haben nichts mit Verschwendung zu tun. „Elektronische Ressource" (auch E-Ressource) ist der Lieblingsausdruck der Bibliothekare für maschinenlesbare Quellen, sowohl für solche auf Datenträgern (CD-ROMs, DVDs etc.) als auch solche „im Fernzugriff", das sind Datenbanken, die auf den Servern des Datenbankanbieters gehostet werden.

Und noch ein Wort zum Schwerpunkt dieses Buchs: Die romanischen Sprachen umfassen je nach Interpretation, ob ein Idiom als eigenständige Sprache oder als Dialekt gewertet wird, zwischen 10 und 18 Standardsprachen. In diesem Band wird vor allem die Sprach- und Literaturwissenschaft der am häufigsten studierten Sprachen Französisch, Spanisch und Italienisch berücksichtigt, aber viele Ressourcen sind auch für die anderen Sprachen wichtig und nützlich. – Und ja, damit mir keine Klagen kommen: Die Informationsmittel, die ich Ihnen erläutere, stellen eine Auswahl dar. Diese Selektion ist natürlich nicht vollständig und obendrein auch noch subjektiv. Auswahlkriterium ist in erster Linie die Qualität der Ressource. Manches wird ausführlicher erklärt, da ich daran Allgemeingültiges erläutern konnte, anderes kann nur angerissen werden. Aber eigentlich will ich Sie ja auch nur auf den Geschmack bringen ...

Denn, versprochen, die Literaturrecherche und das anschließende Lesen der wissenschaftlichen Studien ist nicht in erster Linie eine lästige Pflichtübung. Sie werden in diesem Buch eine Menge wichtiger Datenbanken und gedruckter Bibliographien kennenlernen.

Bibliographien sind Literaturzusammenstellungen, die eine mehr oder weniger vollständige, meist systematisch geordnete Auflistung von Literaturangaben (bibliographischen Daten) zu einem bestimmten Thema, einer Epoche, einem Schriftsteller etc. liefern und Ihnen damit helfen, Material für Ihre Forschungsarbeit zu ermitteln. Es gibt sie gedruckt und elektronisch (bibliographische Datenbanken).

Wenn Sie vorher durch Googeln möglicherweise nie genügend relevante Texte entdeckt haben, werden Sie hier jetzt endlich fündig werden und das nicht zu knapp. Die Menge der seit den Anfängen der Romanistik im 19. Jahrhundert weltweit verfassten Forschungsarbeiten zur romanischen Sprach- und Literaturwissenschaft ist schließlich kaum mehr zu überblicken. Leider gibt es nicht die „eine" Datenbank, in der man alles auf einen Schlag findet, vielmehr sollten Sie davon profitieren, dass eine Vielzahl von Datenbanken und Bibliographien die Literatur in geordneter Form recherchierbar macht. Es wäre nun aber ganz falsch, sich einschüchtern zu lassen von Dutzenden, womöglich Hunderten und Tausenden Aufsätzen, die zu kleineren und größeren Sujets bereits verfasst wurden. Was allein zählt, ist, aus dem Heuhaufen der weltweiten romanistischen Publikationen zielsicher und mit möglichst geringem Aufwand diejenigen Publikationen herauszufischen, die möglichst nah an Ihr Forschungsthema herankommen.

Es kommt auf die Art Ihrer Arbeit (von der Seminararbeit über die Bachelor- und Masterabschlussarbeiten bis hin zur Dissertation und Habilitation oder einem Aufsatz in einer wissenschaftlichen Publikation), auf die Anforderungen Ihrer Hochschullehrer und natürlich auf Ihre eigenen Ansprüche an, wie intensiv Sie recherchieren und rezipieren. Allerdings: Je besser Sie die zu Ihrem Thema erschienene wissenschaftliche Literatur verarbeitet haben, desto mehr stecken Sie im Thema „drin", desto mehr lernen Sie von den Spezialisten und desto besser können Sie sich ein eigenes Urteil bilden. Nicht nur für einen besseren Output (eine wissenschaftlich fundierte Arbeit), sondern auch schon für einen besseren Input (Ihr eigenes Verständnis des Themas) profitieren Sie also von einer intensiven Lektüre.

Auch wenn es mühsam erscheint: Beschränken Sie sich nicht auf Google, MLA und den Semesterapparat Ihres Dozenten, sondern freunden Sie sich mit den relevanten Bibliographien an und ziehen Sie ruhig mehrere zu Rate, denn es gibt zwar Überschneidungen (auf manche Literaturangaben werden Sie an mehreren Stellen stoßen), aber alle Bibliographien benutzen andere Quellen und in jeder werden Sie Titel finden, die Sie noch nicht kennen. Und mit jedem Beitrag gewinnen Sie an Kenntnis und Qualifikation. Dieses Buch möchte Sie ermuntern, die Literaturrecherche nicht als lästige Zeitverschwendung der Beschäftigung mit undurchschaubaren Verzeichnissen verschrobener Bibliographen zu begreifen, sondern als Mehrwert für Ihr Studium und Ihre Aneignung romanistischer Fachkenntnisse.

Ganz nebenbei lernen Sie nämlich die formalen Strukturen der Romanistik kennen: die Namen der maßgeblichen Fachzeitschriften und wissenschaftlichen Verlage, die bedeutenden Schriftenreihen und ihre

Herausgeber, die zentralen Kongresse, die Namen, Wirkungsorte und Schwerpunkte der großen Romanistinnen und Romanisten, die vielen Teilgebiete der Romanistik und das Publikationsportfolio der philologischen Wissenschaft, das von scharfzüngigen Rezensionen, peniblen Einzeluntersuchungen, Dissertationen, Habilitationen, Beiträgen in Zeitschriften, Festschriften und anderen Sammelbänden über Kongressakten, vielbändige Literaturgeschichten, sprachwissenschaftliche Standardwerke und Kompendien bis hin zum Alterswerk der großen Meister über die Literatur einer ganzen Epoche reicht. Selbst wenn Sie nicht einen Lehrstuhl anstreben, schauen Sie mittels der Literaturrecherche und -Lektüre durch das Schlüsselloch des Wissenschaftsbetriebes, gewinnen einen Überblick über Ihre Disziplin, lernen die Dinge besser einzuschätzen und können mitreden. Ein Azubi, der nur die gestellten Aufgaben seines Ausbilders abarbeitet und nie den ganzen Betrieb mit seinen Arbeitsabläufen sieht, wird kaum einschätzen können, wo seine Arbeit angesiedelt ist, wie alles zusammenhängt und wo man etwas verbessern kann. Ein Studium soll Sie zur Eigenständigkeit führen und Sie befähigen, sich selbstständig und schnell in neue Themen einzuarbeiten. Je früher Sie sich von Vorgegebenem freimachen und Übung darin gewinnen, autonom die Hilfsmittel zu nutzen, desto flexibler werden Sie sich auf dem für Geisteswissenschaftler ja nicht unproblematischen Arbeitsmarkt zurechtfinden.

Verschwenden Sie nicht Ihre Zeit durch unproduktives Herumgoogeln, sondern nutzen Sie Ihre Chance, souverän, effektiv und zielgerichtet die wichtige Primär- und Sekundärliteratur zu finden, denn das sind die Grundpfeiler der wissenschaftlichen Arbeit in einer „Buchwissenschaft". Salopp formuliert: Der Physiker macht Experimente, der Kunsthistoriker betrachtet ein Bild, und der Philologe liest Primär- und Sekundärliteratur, ob am Bildschirm oder auf Papier. Erst dann fangen alle an, „richtig" zu denken ...

1 Basics

1.1 Literatur finden: Basics

Angenommen, Sie kommen gerade aus Ihrem Seminar oder der Sprechstunde Ihres Dozenten und haben dort ein Thema für eine Hausarbeit vereinbart. Sie wollen sich in den nächsten Wochen mit Emile Zolas Romanzyklus *Les Rougon-Macquart* beschäftigen. Aber ach, das wäre viel zu viel, halsen Sie sich das lieber nicht auf, nehmen Sie lieber nur ein Werk daraus, z. B. den *Germinal* (allein dazu gibt es schon Sekundärliteratur von Calais bis Perpignan – es kann auch nicht schaden, sich schon *vor* der Vereinbarung eines Themas etwas über die Größenordnung der Sekundärliteratur schlau zu machen). – Wie gehen Sie vor, um sich vorab einen Überblick über das Thema zu verschaffen? Was ist Ihr erster Gedanke?

1.1.1 Wikipedia

WIKIPÉDIA
L'encyclopédie libre

Ja genau, gar keine schlechte Idee ist es, wenn Sie sich erst einmal in der Wikipedia etwas über Zola einlesen. Vielleicht anfangs auf Deutsch, dann aber können Sie sich in der linken Menüleiste auch bequem zu anderen Sprachen leiten lassen, nehmen wir überraschenderweise doch mal Französisch. Natürlich ist bei Wikipedia grundsätzlich Vorsicht geboten, da die Artikel nicht unbedingt von Fachleuten geschrieben wurden. Aber dennoch sind sie inzwischen oft von überraschender Qualität, und der französische Beitrag über Zola ist sogar in die Liste der hervorragenden Wikipedia-Artikel aufgenommen worden.

Tipp   Artikel aus fremdsprachigen Wikipedias zu demselben Thema über den Link in der linken Menüleiste über die Sprache auswählen

Ganz unten beim Wikipedia-Artikel zu Zola stehen Literaturangaben. Suchen Sie sich aus diesen Literaturangaben schon einmal jene heraus, die Sie interessieren, und kopieren Sie sie in eine Datei oder ein Literaturverwaltungsprogramm (am besten notieren Sie sich auch immer, woher Sie die Literaturangaben hatten).

1.1.2 Der erste Gang in die Bibliothek

In Wikipedia nachzuschlagen, geht noch in jedem Café mit Hotspot, aber jetzt kommt die Bibliothekarin als Spielverderberin – oder eigentlich im Gegenteil: als gutmeinende Fee – und scheucht Sie hoch. Es mag für andere, gerade naturwissenschaftliche und zum Teil auch schon für sozialwissenschaftliche Fächer zutreffen, dass alles oder zumindest das Wichtigste schon im Netz verfügbar ist. Für die Geisteswissenschaften gilt das nur zu einem winzigen Teil und – glauben Sie es mir – in gar keinem Fall für die Romanistik. Sie verschwenden meistens Ihre Zeit, wenn Sie wild im Netz herumsurfen auf der Suche nach qualitätsvollen E-Ressourcen für die romanischen Sprachen. Das Allerwichtigste ist zumindest derzeit noch nicht online zu haben, so leid es mir tut. Sie kommen schneller zum Ziel, wenn Sie sich jetzt stante pede in Ihre Bibliothek begeben.

Egal, ob Ihre Unibibliothek schmächtig oder gigantisch ist, die wichtigsten Werke zu allen Fachgebieten stehen immer thematisch gruppiert im Lesesaal und sind nicht nach Hause ausleihbar. Hier starten Sie Ihre Recherche und wühlen sich zunächst mal durch Handbücher und companions, Literaturgeschichten und die grundlegenden Einführungen, in denen auch wichtige Literaturangaben zu finden sind, z. B.:

Lexikon der romanistischen Linguistik (LRL). Hrsg. von Günter Holtus [u. a.]. Tübingen: Niemeyer 1988–2005, 8 Bde. (ausführliche bibliographische Apparate zu einzelnen Themen).

Handbücher zur Sprach- und Kommunikationswissenschaft – z. B. Bd. 23: Romanische Sprachgeschichte. Ein internationales Handbuch zur Geschichte der romanischen Sprachen. Hrsg. von Gerhard Ernst, Berlin: De Gruyter 2003–2008.

Frenzel, Elisabeth: **Motive der Weltliteratur**. Ein Lexikon dichtungsgeschichtlicher Längsschnitte. 6., überarb. und erg. Aufl. Stuttgart: Kröner 2008.

Frenzel, Elisabeth: **Stoffe der Weltliteratur**. Ein Lexikon dichtungsgeschichtlicher Längsschnitte. 10., überarb. und erw. Aufl. Stuttgart: Kröner 2005.

Zurück zu Ihrer Zola-Arbeit. Zunächst könnten Sie sich über den **Online-Katalog Ihrer Unibibliothek (OPAC)** einige Ausgaben des *Germinal* beschaffen. Oft sind in solchen Ausgaben gute Vor- oder Nachworte enthalten (beispielsweise hat die DDR-Romanistin Rita Schober den deutschen Übersetzungen hervorragende Nachworte und Kommentare beigegeben). Wenn Sie Glück haben, finden Sie sogar eine umfassend kommentierte **Werkausgabe** (bei Zola etwa die von seinem Schwiegersohn Maurice Le Blond herausgegebene Ausgabe). Grundlegende Kommentare sind oft in den sogenannten **historisch-kritischen Gesamtausgaben** enthalten.

Der Online-Katalog Ihrer Bibliothek (OPAC) enthält die Bücher, Zeitschriften(titel) und elektronischen Ressourcen, die in Ihrer Bibliothek zugänglich sind, d. h. es ist ein **bestandsabhängiges** Nachweisinstrument.
Eine Bibliographie oder bibliographische Datenbank ist **bestandsunabhängig**, d. h. sie enthält zu einem Thema erschienene Literatur, egal, ob sie in Ihrer Bibliothek zugänglich ist oder nicht.

Sie werden in Ihre Hausarbeit sicher auch Zitate von Zola einbauen wollen. Meist erwarten Dozenten, dass man nicht irgendeine Taschenbuchausgabe, die Sie auf dem Trödelmarkt billig erstehen konnten, oder die z. B. über www.zeno.org oder über das *Projekt Gutenberg – DE* (http://gutenberg.spiegel.de/) verfügbare deutsche Fassung des Romans für solche Textnachweise zugrundelegt. Wenn Sie für ein Zitat aus dem Roman *Germinal* die Seite 53 der deutschen Reclam-Ausgabe angeben, dürften Sie sich Punktabzüge einhandeln. Es hat ja niemand etwas dagegen, wenn Sie auch eine deutsche Ausgabe zu Hilfe nehmen, aber Sie sollten in der Originalsprache und aus einer „zitierfähigen" Ausgabe zitieren. Meist ist das die neueste Gesamtausgabe in einem angesehenen Verlag. Sollte es eine solche nicht geben, können Sie die für Ihren Schriftsteller maßgebliche Ausgabe, nach der üblicherweise zitiert wird, in guten Literaturgeschichten, Handbüchern zum Schriftsteller (Dictionnaire d'Emile Zola, 1993) oder – sofern es das gibt – in einer Fachzeitschrift, die sich ausschließlich mit diesem Dichter beschäftigt, herausbekommen (etwa bei den Hinweisen für die wissenschaftlichen Autoren, die Aufsätze für diese Zeitschrift verfassen möchten).

Woran erkennt man eine zitierfähige Ausgabe eines belletristischen Werkes? Sie ist nach wissenschaftlichen Kriterien ediert, berücksichtigt z. B. den Urtext, gibt Zensurstreichungen und Textvarianten an. Sie ist von einem oder mehreren ausgewiesenen Spezialisten herausgegeben und in einem renommierten Verlag erschienen.

Zu vielen Autoren gibt es auch sogenannte **Personalbibliographien**, das sind meist ziemlich umfassende Zusammenstellungen der Literatur von einem und/oder über einen Schriftsteller. Ein Beispiel für eine sehr umfangreiche Rabelais-Personalbibliographie:
Demerson, Guy; Marrache-Gouraud, Myriam: François Rabelais. Paris: Memini [u. a.] 2010 (= Bibliographie des écrivains français 32). – 804 S.
Für Zola gibt es gleich mehrere, sogar spezielle zur Dreyfus-Affäre oder zu seiner Rezeption in Italien. Geben Sie in den Katalog Ihrer Unibibliothek *Zola* und *Bibliographie* ein (oder besser: *Bibliogra?* – dann erwischen Sie Bibliography und Bibliografia auch noch).

Nun geben Sie in den OPAC Ihrer Bibliothek einfach mal Zola ein. Vermutlich erhalten Sie viele Treffer, na ja, über Zola wurde schon viel geschrieben. Meistens bekommen Sie hier „ganze Bücher" angezeigt, d. h. die Titel von Büchern, die sich ausschließlich oder so überwiegend mit Zola beschäftigen, dass sie Zola im Titel tragen. Da kann das eine oder andere Überblickswerk dabei sein, aber auch eine Spezialuntersuchung über das Leben der Bergarbeiter, wie es Germinal einer war. Es lohnt sich also tatsächlich, sich ein bisschen Zeit zu nehmen und sich einen Überblick über diese „ganzen Bücher" zu verschaffen. Dieser erste Schritt hat den Vorteil, dass alles, was Ihre Bibliothek Ihnen anzeigt, auch tatsächlich bereitgestellt werden kann. Im Gegensatz zu „bestandsunabhängigen" bibliographischen Datenbanken gilt für den OPAC: What you see is what you get. Sollte ein anderer Bibliotheksbenutzer das Buch gerade ausgeliehen haben, können Sie es vormerken.

Fragen Sie in Ihrer Unibibliothek nach: bestimmt gibt es Einführungen in die Benutzung des OPACs und möglicherweise auch Schulungsangebote zu wichtigen Fachdatenbanken!

Tipp!

Wenn Sie die ersten Bücher in der Unibibliothek im Regal gefunden haben oder aus dem Magazin bestellt haben und die ersten Kopien oder Scans von Buchkapiteln oder Aufsätzen machen, notieren Sie sich unbedingt genau, woher die Texte stammen, und zwar
- bei Büchern: Autor und Titel des Buches, Erscheinungsort, Verlag, Jahr, evtl. Auflage, Seitenzahlen.
- bei Zeitschriftenaufsätzen: Autor und Titel des Aufsatzes, Titel der Zeitschrift, Jahrgang, Heft, Erscheinungsjahr, Seitenzahlen.
- bei Aufsätzen aus Sammelwerken (z. B. Kongressakten oder anderen Aufsatzsammlungen): Autor und Titel des Aufsatzes, Herausgeber und Titel des Buches, Erscheinungsort, Verlag, Jahr, Seitenzahlen.

Wenn Sie später aus diesen Quellen zitieren wollen und nicht mehr wissen, woher die Texte stammen, suchen Sie sich sonst „tot"!
Und noch ein „Mutti-meint-es-gut-Tipp": Seien Sie ordentlich! Notieren Sie sich die Literaturangaben, die Sie beschaffen wollen oder schon beschafft haben, nicht auf irgendwelche Zettel, sondern legen Sie eine Datei an, füttern Sie ein Literaturverwaltungssystem oder schreiben Sie sie meinetwegen von Hand in eine Kladde. Für das Anfertigen von wissenschaftlichen Arbeiten gibt es eigene Ratgeber, einige wichtige Tipps finden Sie aber auch im 3. Kapitel.

In diesem Buch soll es ja um Literaturrecherche gehen, also zurück dahin: Was Sie in OPACs in aller Regel nicht finden (ja, es gibt auch Ausnahmen, aber machen wir es nicht zu kompliziert), was Sie also nicht finden, sind Zeitschriftenartikel, d. h. unselbstständig erschienene Publikationen. Das Unselbstständige an ihnen ist nicht, dass die Verfasser irgendwie unselbstständig sind und keine Dose Ravioli alleine öffnen können, sondern dass der Aufsatz, den sie verfasst haben, innerhalb einer anderen, größeren Publikation erschienen ist, also z. B. in einer Zeitschrift oder einem Kongressband (Seit' an Seit' mit vielen anderen unselbstständigen Artikeln) oder einer Festschrift (der Geburtstagsgabe für einen Wissenschaftler, in der gute Freunde und manchmal auch Gegner einige Aufsätze zusammentragen). In Bibliothekskatalogen sind nicht die einzelnen Aufsätze abrufbar, sondern nur die größere, selbstständige Publikation (also der Zeitschriftentitel, der Titel des Kongressbandes oder der Titel der Festschrift).

Aufsätze erkennt man daran, dass in der Literaturangabe Seitenzahlen angegeben sind und ein „in:" darauf verweist, in welcher Zeitschrift oder welchem Sammelband sie veröffentlicht wurden. In Bibliothekskatalogen müssen Sie dann nach dem Titel der Zeitschrift oder des Sammelbandes suchen. Aufsätze sind meist nicht in Bibliothekskatalogen vorhanden!
Hier ein Beispiel:
Stark, Elisabeth: Boccaccio schreibt Geschichte: Sprachwissenschaft und literarische Schlüsseltexte in der historischen Grammatik. In: Rom. Jb. 57 (2006) 84–104.
Im OPAC Ihrer Bibliothek müssen Sie nun nach der Zeitschrift „Romanistisches Jahrbuch" suchen. Auf den Seiten 84–104 des Bandes 57 von 2006 ist der gesuchte Aufsatz abgedruckt. Die Zeitschrift ist auch elektronisch verfügbar.

Einige Aufsätze werden Sie auch schon in den Büchern Ihrer Unibibliothek über das **Schneeballsystem** finden, indem Sie nämlich dort in die Literaturverzeichnisse der Bücher schauen. Der Nachteil daran ist, dass diese Aufsätze logischerweise immer älter sind als das Buch, aus dem sie stammen. Diese älteren Aufsätze sind nicht unbedingt schlechter, aber es macht auch einen guten Eindruck, in einer Seminararbeit die neueste Forschungsliteratur rezipiert zu haben. Aber genug der Vorrede, beginnen wir damit, Aufsätze zu recherchieren! Was ich Ihnen zunächst vorstelle, sind Datenbanken, in denen nicht die Volltexte der Aufsätze aufrufbar sind, sondern „nur" die Literaturangaben verzeichnet sind, z. B.

> Walder, Dennis: Germinal: Zola and the Political Novel, IN:
> Correa, Delia da Sousa (ed.): The Nineteenth-Century Novel:
> Realisms. London: Routledge 2000, 380–402.

Wie Sie dann an die eigentlichen Aufsätze gelangen, erfahren Sie in den Kapiteln zur Literatur*beschaffung*.

1.1.3 MLA International Bibliography (MLA)

Die MLA wird herausgegeben von der Modern Language Association of America (MLA) und gilt sicherlich zurecht als die wichtigste Quelle für Literaturangaben zu den neueren Sprachen, werden in ihr doch rund 4400 Zeitschriften ab 1924 ausgewertet. Was heißt das genau, ausgewertet? Eine Reihe von Menschen ist damit beschäftigt, Inhaltsverzeichnisse von Zeitschriftenheften abzuschreiben bzw. einzuscannen und in strukturierter Form in eine Datenbank einzugeben. Der Titel der Aufsätze kommt in ein „Titel"-Feld, der Autor in ein „Autor"-Feld. Außerdem werden Aufsätze in Sammelbänden und Kongressschriften einzeln in die Datenbank aufgenommen, ferner auch ‚ganze Bücher' (Monographien). Den größten Nutzen hat man sicherlich von der Verzeichnung der unselbstständig erschienenen Literatur, also der Aufsätze, denn die findet man in Bibliothekskatalogen wie gesagt selten.

MLA gilt oft als Datenbank für Anglisten und Amerikanisten, und sicherlich ist der Anteil dieser Philologien am höchsten, aber: auch die Romania kommt nicht zu kurz. Hier ein paar statistische Zahlen: Für die Datenbank werden 245 Zeitschriften ausgewertet, in denen Artikel zur französischen Sprache oder französischen Literatur enthalten sind. 124 Zeitschriften beschäftigen sich (ausschließlich oder unter anderem) mit italienischer Sprache oder Literatur. Hinzuzuzählen sind 212 Zeitschriften zur Hispanistik und 75 zur Lusitanistik, 9 genuin galicistische Zeitschriften sowie 75 Zeitschriften zur Romanistik allgemein. Schätzungsweise sind 20% aller MLA-Zeitschriften speziell romanistischer Natur, von relevanten Aufsätzen in allgemein philologischen Organen einmal ganz abgesehen. Es kann sich also tatsächlich lohnen, mit einer Suche in dieser Datenbank zu starten!

Diese wichtige Datenbank MLA wird von Ihrer Unibibliothek lizenziert sein – fragen Sie dort nach, wie Sie sich am besten einloggen können. Oft gibt es auch Campuslizenzen oder die Möglichkeit, sich mit einem Passwort von zuhause aus einzuloggen (oft als „remote access" bezeichnet).

Um Literatur zum *Germinal* von Zola aufzuspüren, können Sie zunächst schlicht *Germinal* in den Suchschlitz eingeben. Sie bekommen rund 280 Treffer, darunter 221 Zeitschriftenaufsätze, 26 Aufsätze in Sammelbänden und 20 Monographien. Unter diesen letzteren ist sogar eine englische Übersetzung des Romans (obwohl MLA eigentlich gar keine Primärliteratur verzeichnet), eine „Bibliographie commentée" nur zum *Germinal* (die Ihnen zu neuen Schneeballeffekten verhelfen wird) und nur ein merkwürdigerweise nicht passendes Buch über den deutschen Lyriker Paul Celan, das von einem Autor namens Germinal Čivikov verfasst wurde.

Sie können hieran den **Nachteil der einfachen Suche** mit dem Suchschlitz feststellen: Das Wort *Germinal* wurde nicht nur im Titel oder gar in den Schlagworten gesucht, sondern einfach überall, auch in den Vornamen der Verfasser ganz unpassender germanistischer Studien. Da jedoch kaum jemand Germinal mit Vornamen heißt, ist die „Fehlerrate" beim Suchbegriff *Germinal* nicht sehr hoch. Wenn Sie aber nach Rousseaus *Emile* suchen wollten und nur *Emile* eingeben, erhalten Sie weit über 5000 Treffer, weil sich dauernd wieder Zola (Vorname bekanntlich: Emile) in die Treffer mogelt. Entweder haben Sie sehr viel Zeit, um allen Emiles die Hand zu schütteln, oder sie verkürzen die Prozedur, schnappen sich einen Rousseau-Emile-Treffer, öffnen die Vollanzeige, schauen unter „Subjects" nach dem Schlagwort *Emile* und klicken darauf. Dann sucht MLA alle Treffer aus der Datenbank, denen nette MLA-Mitarbeiter das **Schlagwort** *Emile* in Bezug auf Rousseau verpasst haben. Die Treffermenge oder alternativ das Händeschütteln von ca. 200 „richtigen" Emiles ist dann zu bewältigen.

Die MLA lässt übrigens nicht nur die Inhaltsverzeichnisse abtippen, sondern bietet für ihre Nutzer einen weit höheren Komfort, indem jeder Aufsatz, jede Monographie in eine grobe **Klassifikation** eingeordnet wird (für Germinal z. B. „French Literature"), das Jahrhundert angegeben wird und ein oder mehrere (englische) Schlagworte vergeben werden. Diese sind keine banalen **Stichworte,** die dem Katalogisierer „zwischen Suppe und Bratkartoffeln" eingefallen sind, vielmehr steht dahinter ein Regelwerk, ein festes Vokabular, das oft auch Synonyme, Antonyme sowie die über- und untergeordneten Begriffe enthält. Wollen Sie die Darstellung des Bergbaus im *Germinal* mit ähnlichen Beschreibungen in anderen literarischen Werken untersuchen, können Sie unter dem Menüpunkt „Thesaurus" herausfinden, dass *coal mining* einen Oberbegriff hat (naheliegenderweise: mining), der wiederum verschiedene Unterbegriffe aufweist (z. B. *silver mining, gold mining, copper mining, coal mining*). Sie kommen also auf Ideen, wenn Sie sich den Thesaurus anschauen, unter welchen Begriffen Sie weitere Suchanfragen stellen könnten. Bei Unsicherheiten, wie man einen Personennamen schreiben muss (Beyle oder Stendhal), schaut man im oberen Menü unter „Names as Subjects"/ „Namen als Themen" nach und findet unter Beyle den Hinweis „use: Stendhal".

Thesaurus

Komfortabel: Über die **Suchgeschichte** („Search History", „Verlauf durchsuchen") können Sie nicht nur mehrere Suchanfragen kombinieren, sondern sich auch nach einer kostenlosen Anmeldung Suchanfragen für einen späteren Aufruf abspeichern und sich per E-Mail automatisch die neu in die Datenbank eingehenden Treffer zu Ihren Suchanfragen schicken lassen (Alert).

Search History/ Alert- Funktion

1.1.4 Online Contents (OLC)

Die Datenbank Online Contents (OLC) bietet Ihnen Inhaltsverzeichnisse von Fachzeitschriften ab dem Jahr 1993 oftmals bis zu den gerade aktuellen Heften. Insgesamt sind in OLC über 35,4 Mio. Aufsatztitel aus über 24 850 wissenschaftlichen Zeitschriften aus allen Fachgebieten nachgewiesen. Diese Angaben beziehen sich auf die **Gesamtdatenbank OLC**.

Eine Reihe von deutschen Bibliotheken trägt Daten zu der Datenbank OLC bei, indem die Inhaltsverzeichnisse von Zeitschriftenheften eines bestimmten Sondersammelgebietes (SSG) dieser Bibliotheken eingescannt werden. Die Sondersammelgebiete werden von der Deutschen Forschungsgemeinschaft (DFG) finanziell gefördert. Damit besitzen die Bibliotheken den jeweils dichtesten Bestand an Literatur in bestimmten Fachgebieten. Für die Romanistik betreut die Universitäts- und Landesbibliothek Bonn die Sondersammelgebiete Allgemeine Romanistik sowie Französische und Italienische Sprach- und Literaturwissenschaft; die Staats- und Universitätsbibliothek Hamburg kümmert sich um Spanien und Portugal, das Ibero-Amerikanische Institut in Berlin um Lateinamerika und die Karibik. Sie können sich die Literatur aus diesen Bibliotheken per Fernleihe an Ihre Bibliothek bestellen.

Darüber hinaus gibt es eine verwirrende Vielfalt von Ausschnitten aus der OLC-Gesamtdatenbank, die sich einzelne Fachgebiete bzw. deren Fachzeitschriften herausgepickt haben und somit immer nur einen Teil der Gesamtdatenbank bieten. Prinzipiell kommen mindestens folgende Teildatenbanken („Datenbank-Ausschnitte") für romanistische Fragestellungen in Betracht:
- OLC-SSG Romanischer Kulturkreis,
- OLC-SSG Frankreichkunde und Allgemeine Romanistik,
- OLC-SSG Italienforschung,
- OLC-SSG Ibero-Amerika, Spanien und Portugal,
- OLC-SSG Osteuropa (für die Balkanromanistik wie das Rumänische).

Ob Sie diese Teildatenbanken konsultieren wollen, sei Ihnen natürlich selbst überlassen – aber warum nur ein Stückchen vom Kuchen abschneiden, wenn man die gesamte Bäckerei haben kann? Um Ihnen eine Dimension der Tortenauswahl zu geben, hier nur drei Beispiele:

Die **Teildatenbank OLC-SSG Frankreichkunde und Allgemeine Romanistik** erfasst Zeitschrifteninhaltsverzeichnisse aus dem Bereich französische Kultur, Geschichte, Gesellschaft, Politik, Sprache und Literatur sowie der Allgemeinen Romanistik. Die Datenbank enthält derzeit ca. 1 049 450 Aufsätze und Rezensionen; ausgewertet werden rund 1000 Zeitschriften.

Die **Teildatenbank OLC-SSG Italienforschung** erschließt Zeitschrifteninhaltsverzeichnisse aus dem Bereich italienische Kultur, Geschichte, Sprache und Literatur. Zurzeit werden ca. 296 Zeitschriften ausgewertet, was zu momentan ca. 163 700 Aufsätzen und Rezensionen geführt hat.

Die **Teildatenbank OLC SSG-Romanischer Kulturkreis** bietet allerdings gegenüber den beiden anderen nichts Neues, denn in ihr sind nur die Ausschnitte „Italienforschung" sowie „Frankreichkunde und Allgemeine Romanistik" zusammengefasst.

Die Teildatenbanken oder Fachausschnitte mögen ihre Berechtigung haben, z. B. wenn man Suchbegriffe eingeben möchte, die in mehreren Fachgebieten mit unterschiedlicher Bedeutung auftauchen (z. B. Krebs – Medizin, Astrologie, Biologie), denn in OLC gibt es keine intellektuell vergebenen Schlagworte, die das hübsch auseinanderhalten würden.

Aber wer sagt Ihnen, dass die Zeitschriften für den Ausschnitt vollständig und klug ausgewählt wurden? Dass nicht in einer Geschichtszeitschrift oder einer allgemeinen literaturwissenschaftlichen Zeitschrift ein viel interessanter Aufsatz über Zola enthalten ist als in einer genuin galloromanistischen Zeitschrift? Die Probe aufs Exempel: in der Gesamtdatenbank finden Sie zu Zola Aufsätze wie *Zola in Rio de Janeiro* in den *Portuguese Studies* (2010). Diese Zeitschrift ist in der Teildatenbank „Frankreichkunde" nicht enthalten – der Aufsatz wäre Ihnen also entgangen. Mein Tipp: Recherchieren Sie lieber in der Gesamtdatenbank Online Contents als in den Fachausschnitten, sofern diese in Ihrer Bibliothek zugänglich ist.

1.1.5 Internationale Bibliographie der geistes- und sozialwissenschaftlichen Zeitschriftenliteratur (IBZ)

Die IBZ ist in ihrer gedruckten Form schon ein ganz alter Hase. Er betrat erstmals 1897 (Berichtsjahr 1896) die bibliographische Bühne und verzeichnete Zeitschriftenaufsätze lange Zeit „aus allen Gebieten des Wissens", seit den 1980er Jahren mit Beschränkung auf die Geistes- und Sozialwissenschaften (mit einigen interdisziplinären Einsprengseln).

Bis alle Daten für eine gedruckte Bibliographie gesammelt sind und das Buch er- **Berichtsjahr**
schienen ist, dauert es immer ein wenig. Eine Bibliographie hat also ein Erscheinungsjahr, das aber meist nicht identisch ist mit dem „Berichtsjahr". Damit bezeichnet man das Jahr (oder die Jahre), in dem die Literatur erschienen ist, die in der
Bibliographie aufgeführt wird.

Wenn Sie Eindruck machen wollen, können Sie die Bibliographie auch lässig den „Dietrich" nennen, denn erfunden wurde dieses Verzeichnis, das anfangs etwa 275 deutsche Fachzeitschriften, später immer mehr und auch ausländische Organe auswertete und die Einträge nach Stichworten anordnete, von dem Leipziger Verleger Felix Dietrich. Den „Dietrich" gibt es für die Berichtsjahre ab 1983 als Datenbank *IBZ online*, mit monatlichen Updates. Etwa 11 500 schwerpunktmäßig europäische Zeitschriften (aber auch viele US-amerikanische), davon mehr als die Hälfte englischsprachig und ein Viertel deutschsprachig, werden Inhaltsverzeichnis für Inhaltsverzeichnis in die Datenbank aufgenommen (übrigens etwas gewöhnungsbedürftig: alles in Minuskeln). Für die Romanistik sind zwar zahlenmäßig nicht unendlich viele Zeitschriften enthalten, doch sind die meisten wichtigen Organe erfasst.

Ein besonderer Service ist die grobe Klassifizierung der Aufsätze in Sachgebiete (z. B. Literaturwissenschaft, Pädagogik) sowie die Vergabe deutscher und englischer Schlagworte, egal in welcher Sprache der Artikel erschienen ist. Auf diese Weise kann man bequem mit deutschen Schlagworten suchen, und dies in einem Fundus von derzeit 3,2 Millionen Aufsätzen (jährlich kommen 120 000 Aufsatzangaben hinzu). Suchen Sie nach Literatur über spanische Syntax, sollten Sie sich nicht damit zufriedengeben, in dem ersten Suchfeld in der (voreingestellten) Kategorie „Aufsatztitel" *Spanische Syntax* einzugeben, dann erhalten Sie nämlich nur einen einzigen Treffer, in dem zufälligerweise diese Worte in genau dieser Schreibweise im Titel auftauchen:

Autor:	braselmann, petra m. e
Aufsatztitel:	syntaktische interferenzen?
	zum englischen einfluß auf die *spanische syntax*
Zeitschrift:	iberoromania. zeitschrift für die
	iberoromanischen sprachen und literaturen
	in europa und amerika
Nummer:	39
Seite(n):	21–46
Jahr:	1994
Verlag:	niemeyer, max, verlag, tübingen

Nutzen Sie vielmehr die Kategorie „Schlagwörter", und Sie erhalten sofort 126 Treffer, darunter diesen, den Sie nur deshalb angezeigt bekommen, weil Ihre Suchbegriffe von den Datenbankerstellern als Schlagworte eingegeben wurden, die Erfasser den Artikel (oder ein Abstract) also sogar quergelesen haben:

Autor:	cuervo, maría cristina
Aufsatztitel:	against ditransitivity
Zeitschrift:	probus. international journal of latin and romance linguistics
Jahrgang:	22
Nummer:	2
Seite(n):	151–181
Erscheinungsjahr:	2010
Verlag:	de gruyter, mouton, berlin
ISSN:	0921-4771
Sprache (Artikel):	Englisch
Sprache (Abstract):	Englisch
Sachgebiete:	Sprachwissenschaft
Schlagwörter:	*spanische* sprache, romanische sprachen, hispanistik, ibero-romanische sprachen, verbum (grammat.), intransitiv (grammat.), *syntax* (grammat.), grammatik, verbum, sprachwissenschaft, romance languages, roman languages, hispanistics, spanish (linguist.)

Achten Sie während der Eingabe Ihres Suchbegriffs auch auf die Vorschläge, die Ihnen die Datenbank macht (spanischunterricht, spanischlehrbücher etc.).

Noch ein paar Treffer mehr (144 nämlich) wirft die Datenbank aus, wenn Sie die Suchworte „trunkieren" (z. B. synta*, um auch syntaktisch abzugreifen) und in der Kategorie „Volltext" suchen. Volltext meint hier aber nicht den Volltext der Artikel, sondern sämtliche Kategorien der bibliographischen Beschreibung (also Verfasser, Aufsatztitel, Zeitschrift, Schlagworte etc.). IBZ ist ja keine Volltextdatenbank für Zeitschriftenaufsätze, sondern eine Bibliographie, die lediglich die Literaturangaben aufführt.

Setzen Sie bei der Eingabe von Suchworten einen Joker (je nach Datenbank ein Fragezeichen oder ein Sternchen), z. B. um unterschiedliche Wortendungen mit einer einzigen Abfrage zu erfassen. Das Verfahren heißt „trunkieren" von lat. truncare = abschneiden.
Synta* findet u. a. Syntax, syntaktisch, syntaktischen, syntaxe.
Wenn Sie zu früh trunkieren, d. h. zuviel abschneiden, können Sie auch unerwünschte Treffer bekommen, z. B. liefert span* nicht nur spanisch(e)(n) und spanish, sondern auch alle spannenden Geschichten des Spanferkels und des Spaniels aus Spandau.

Weniger ist mehr: Trunkierung

Sie werden in vielen Unibibliotheken bei IBZ online einen SFX-Button finden, mit dem Sie rasch feststellen können, ob Ihre Bibliothek die gesuchte Zeitschrift (in dem Beispiel oben: Probus) in gedruckter Form abonniert oder sogar in elektronischer Form lizenziert hat. Damit gelangen Sie rasch zum Volltext.

SFX ist im Kino die Abkürzung für Special Effects. Popcorn gibt's in Bibliotheken noch nicht, aber ein klitzekleines Eiskonfekt können wir Ihnen ab und zu bieten: Normalerweise müssen Sie in einer Datenbank ja erst einmal Literaturangaben zu Ihrem Thema recherchieren und dann in einer anderen Datenbank (z. B. dem Online-Katalog Ihrer Bibliothek) überprüfen, ob Ihre Unibibliothek das entsprechende Buch oder die Zeitschrift besitzt.
Diesen Wechsel zwischen der Literaturangabe-Datenbank und der Besitz-Datenbank übernimmt immer häufiger der SFX-Button. Das hat den Vorteil, dass Sie nicht in einem zweiten Fenster Ihres Browsers den OPAC Ihrer Bibliothek öffnen müssen, um dort den Titel der Zeitschrift in den OPAC einzugeben.

ExLibris
SFX

1.1.6 Periodicals Index Online (PIO)

Die Namen der Datenbank *Periodicals Index Online* und ihrer Schwester-Datenbank *Periodicals Archive Online* klingen abgekürzt wie zwei Pandabären: PIO und PAO. Beide sind verliebt in Zeitschriften der Geistes- und Sozialwissenschaften und kümmern sich seit vielen Jahren auf zwei unterschiedliche Weisen darum, sie für die Wissenschaft aufzubereiten.

PIO trägt eine gelbe Latzhose, pardon, verfügt über eine gelbe Oberfläche, PAO über eine blaue. Ansonsten sehen sie aus wie ein-eiige Zwillinge, deshalb ist es wichtig, sie an der Farbe auseinander-zuhalten. PIO, dieser kleine fleißige Bär, hat die Inhaltsverzeichnisse von über 6000 Zeitschriften – Jahrgang für Jahrgang – abgetippt, also gleichsam einen *Index* zu all diesen Organen erstellt. PAO ist eher der Handwerkertyp (daher der Blaumann) und hat gleichzeitig mehr und weniger zu bieten: zwar sind in PAOs *Archiv* „nur" 500–600 Zeitschriften enthalten (je nachdem, wieviele Kollektionen über Ihre Unibibliothek zugänglich sind), aber dafür hat der kleine PAO diese Zeitschriften tapfer Jahrgang für Jahrgang, Heft für Heft, Seite für Seite auf den Scanner gelegt, und zwar vom ersten Jahrgang der Zeitschrift bis einige Jahre vor dem aktuellen Heft.

PIO ermöglicht die Recherche in den Inhaltsverzeichnissen von 6000 Zeitschriften. PAO bietet für ca. 10% dieser Zeitschriften die vollständigen Digitalisate und die Volltext-Durchsuchbarkeit. Beide berücksichtigen Zeitschriften ab ihrem ersten Jahrgang, angefangen im Jahr 1665, allerdings nur bis maximal 1995 oder 2000.

PIO und PAO kümmern sich vor allem darum, ältere Inhalte verfügbar zu machen, die zuvor meist weder erschlossen noch digitalisiert worden waren. Die älteste Zeitschrift, die PIO mit all ihren Inhaltsverzeichnissen im Angebot hat, ist zugleich die zweitälteste Zeitschrift, die je erschienen ist: die *Transactions of the Royal Society of London* vom Mai 1665. Die älteste Zeitschrift, die PAO Seite für Seite eingescannt und Wort für Wort durchsuchbar uns offeriert, stammt derzeit aus dem Jahr 1813 (aber das PAO-Archiv wächst unaufhörlich, vielleicht finden Sie heute, wenn Sie dieses Buch lesen, bereits eine noch ältere).

Unter den 6000 PIO-Zeitschriften sind zwar die meisten aus dem englischsprachigen Raum, aber 30% der ausgewerteten Zeitschriften stammen aus anderen westlichen Sprachkreisen, darunter sind vor allem französische, deutsche, italienische und spanische geistes- und sozialwissenschaftliche Zeitschriften (rechnerisch sind das 1800 Zeitschriften). Insgesamt bietet PIO 18 Millionen Literaturangaben von 1665 bis 2000. Welche Zeitschriften zur Romanistik darunter sind, können Sie feststellen, wenn Sie unter dem Menüpunkt „Fachzeitschriften finden" (die Oberfläche ist sogar auf Deutsch verfügbar) den Zugang „Fachzeitschriften nach Themenbereich finden" wählen und dann unter Linguistik/Philologie bzw. Literatur stöbern. Aber natürlich können auch allgemeine geisteswissenschaftliche oder z. B. geschichtswissenschaftlich ausgerichtete Zeitschriften relevante Aufsätze für die Romanistik enthalten.

Sie können Ihre Suchworte entweder in den einfachen Suchschlitz (bei dem die Suche im Titel der Aufsätze voreingestellt ist) eingeben oder über den Menüpunkt „Artikelsuche" den Komfort weiterer Suchmöglichkeiten nutzen, z. B. die Suche auf Artikel in deutscher Sprache oder aus einem bestimmten Fachgebiet beschränken. Sie erhöhen hingegen Ihre Trefferzahl, wenn Sie statt „Stichworte im Artikeltitel" allgemein im Feld „Stichworte" suchen. Geben Sie z. B. für die Suche nach Artikeln zur spanischen Syntax *span* synt** bei „Stichworte" ein (das Platzhalter- oder Trunkierungszeichen ist in dieser Datenbank das Sternchen), erhalten Sie 130 Treffer. Geben Sie dieselbe Suchanfrage bei „Stichworte im Artikeltitel" ein, erhalten Sie nur 101 Treffer. Woran liegt das? Um beide Suchergebnisse zu vergleichen, haben Sie bei „Suchverlauf" die Möglichkeit, die beiden Ergebnismengen gegeneinanderlaufen zu lassen. Kombinieren Sie dazu die Nummer der Suchanfrage der größeren Treffermenge und schließen Sie die geringere Treffermenge aus (1 NOT 2). Dann werden Sie sehen, dass die Suche in Stichworten auch solche Treffer zutage fördert, bei denen die Suchbegriffe z. B. in der Kurzzusammenfassung auftauchen.

Treffermengen geschickt kombinieren: Wenn Sie nach Lüttich fahren wollen und sich außerdem ganz allgemein für Georges Simenon interessieren, nutzen Ihnen Artikel, in denen entweder Lüttich oder Simenon vorkommt. Suchen Sie daher:
Lüttich OR Simenon
Wenn Sie in Lüttich ausschließlich auf Simenons Spuren wandeln wollen (beide Suchbegriffe sollen in dem Artikel vorkommen), suchen Sie besser die Schnittmenge mit:
Lüttich AND Simenon
Wenn Sie nach Lüttich wollen, aber den ganzen Rummel um Simenon unendlich leid sind, suchen Sie:
Lüttich NOT Simenon
(Allerdings entgeht Ihnen dann der Toptreffer: „Lüttich endlich mal ohne Simenon!") Die Suchen sollten Sie dann übrigens anschließend noch mit *Liège* wiederholen.

Boole'sche Operatoren: OR, AND, NOT

Über den „Suchverlauf" können Sie auch Suchanfragen, die Sie öfter benötigen, abspeichern. Dazu müssten Sie sich kostenlos einen Account einrichten („Mein Archiv"). Dieser hat den Vorteil, dass Sie sich Treffer über die jeweilige Sitzung hinaus abspeichern können. Aber auch ohne Anmeldung können Sie Treffermengen über den Menüpunkt „Persönliche Liste" in verschiedene Literaturverwaltungssysteme (z. B. RefWorks, ProCite, Endnote) herunterladen oder sich die Liste als reinen Text an eine E-Mail-Adresse versenden.

Sollten Sie es eilig haben, könnten Sie in PIO auch gleich in der „Artikelsuche" ein Häkchen setzen vor „Nur Angaben mit Volltext-Links durchsuchen". Dann beschränken Sie Ihre Suche auf solche Artikel, die in den Datenbanken PAO, JSTOR oder Project MUSE enthalten sind und somit gleich im Volltext auf Ihrem Bildschirm erscheinen. Das funktioniert nur, wenn Ihre Unibibliothek nicht allein PIO, sondern auch diese anderen Datenbanken abonniert hat. Wahrscheinlich ist es nötig, dass Sie sich zunächst parallel in diese Datenbanken einloggen.

Tipp für den Notfall!

In der (gelben) Ergebnisliste finden Sie dann jeweils am unteren Ende der Literaturangaben Links namens „Artikeldarstellung in Periodicals Archive Online" oder „Artikel in JSTOR anzeigen". Wenn alles klappt, führt Sie ein Klick darauf in die blaue PAO-Oberfläche und zum eingescannten Artikel oder in die rote JSTOR-Umgebung, die ebenfalls die Volltexte bereithält (siehe das Kapitel über JSTOR). Wenn Sie noch genauer wissen wollen, welche zusätzlichen Möglichkeiten Ihnen die direkte Suche in PAO bietet, finden Sie hierzu Tipps im Advanced-Kapitel.

1.1.7 Die französische Datenbank zu den Geistes- und Sozialwissenschaften FRANCIS

D'accord – die Datenbank erscheint angesichts nicht gerade üppiger Zahlen auf den ersten Blick für die französische Philologie und die Romanistik allgemein nicht gerade ein Knüller zu sein, aber der französische Forschungsverbund *Centre National de la Recherche Scientifique* ist so renommiert, dass ich Ihnen die große und sorgfältig erstellte, lizenzpflichtige Datenbank **FRANCIS** des *Institut de l'Information Scientifique et Technique* des CNRS nicht vorenthalten will. Zwar sind in dieser Datenbank, in der Literaturnachweise aus dem gesamten geistes- und sozialwissenschaftlichen Spektrum meist ab dem Jahr 1984 zu finden sind, „nur" 6% Sprachwissenschaft und ebenfalls 6% Literaturwissenschaft vertreten (wohlgemerkt, nicht nur zur romanischen Philologie), aber bei ca. 2700 ausgewerteten Zeitschriften und zwei Millionen Literaturnachweisen ist das dann doch nicht zu vernachlässigen. 80% der Literaturangaben betreffen Zeitschriftenaufsätze; mehr als 40% der Referenzen sind englischsprachig, mehr als 30% französischsprachig. Italienische Angaben sind mit 5% vertreten, spanische mit 4%. Für viele neuere Literaturhinweise sind Abstracts vorhanden; außerdem werden englische und französische Schlagworte vergeben. An Zeitschriften zur Galloromanistik – mit eindeutigem **Schwerpunkt auf der Linguistik** – werden beispielsweise ausgewertet: *Cahiers de linguistique française, Cahiers du français contemporain, Etudes de langue et littérature françaises, Etudes françaises (Montréal), Français moderne, French review, La Nouvelle revue française, Langue française, Moyen français, Nineteenth-century French studies, Recherches sur le français parlé* und *Travaux de didactique du français langue étrangère*. Daneben gibt es auch Zeitschriften zur Hispanistik und Italianistik, außerdem einige wichtige übergreifende Zeitschriften wie *Lettres romanes, Revue de linguistique romane, Revue des langues romanes, Revue romane, Romanistisches Jahrbuch* sowie *Vox romanica*.

In ausgefeilten Datenbanken wie Francis gibt es auch Nachbarschaftsoperatoren:
Lüttich near Simenon: höchstens 10 Worte dürfen zwischen den beiden Suchbegriffen stehen
Lüttich within 3 Simenon: maximal drei Worte dürfen zwischen Lüttich und Simenon stehen

Boole'sche Operatoren und Trunkierung für Fortgeschrittene

Noch mehr Joker:
* steht für beliebig viele Zeichen, auch im Wortinnern: **Co*l*r** findet **color** und **colour** und **couleur**, aber auch die Hörprothese **cochlear implant**
theat?? findet **theatre** und **theater** (? steht für genau ein Zeichen, ?? für genau zwei Zeichen)
Immer im Hilfetext nachlesen!

1.1.8 Bases de datos bibliográficas del CSIC

Die größte öffentliche Forschungseinrichtung Spaniens, der *Consejo Superior de Investigaciones Científicas (CSIC)*, gibt mehrere bibliographische Datenbanken heraus, unter anderem eine zu den Sozial- und Geisteswissenschaften: **ISOC**. Die Datenbank ist kostenlos zugänglich unter http://bddoc.csic.es:8080/index.jsp, Seit' an Seit' mit anderen Datenbanken des CSIC. Sie können einzeln oder gemeinsam durchsucht werden. (Übrigens: In einer kostenpflichtigen Ausgabe können nicht allein die Felder *título, autor, título de la revista, ISSN, año* abgefragt werden – wie es in der kostenfreien Version der Fall ist –, sondern sämtliche Felder, also z. B. auch Schlagworte. Diese Version ist in deutschen Bibliotheken aber kaum vorhanden.)

Verzeichnet wird in Spanien seit Anfang der 1970er Jahre erschienene wissenschaftliche Literatur; zu 95% handelt es sich dabei um Zeitschriftenartikel. Eingeflossen sind seither über 2600 *revistas de calidad*, darunter über 300 philologische Organe. Gegenwärtig werden insgesamt etwa 1200 Zeitschriften berücksichtigt. Zu 91% sind die Artikel in spanischer Sprache verfasst, der Rest (in absteigender Reihenfolge) auf Katalanisch, Englisch, Galizisch, Französisch, Baskisch und Deutsch.

Seit 2003 werden auch wissenschaftliche Texte im Volltext eingespielt. Ob man sich bis zum Volltext durchklicken kann, zeigt ein grünes Pfeilsymbol an.

Man kann wahlweise in der Gesamtdatenbank für die Sozial- und Geisteswissenschaften mit ca. 640 000 Einträgen recherchieren (als Anhaltspunkt: hier gibt es 1915 Treffer für Cervantes) oder in der **Teildatenbank ISOC Lengua y Literatura** mit ca. 81 000 Einträgen (1519 Treffer für Cervantes). Die Datenbank ist sehr aktuell; die neu eingegebenen Aufsätze sind sofort sichtbar. Sie wächst jährlich um 20 000 Eintragungen.

1.1.9 Die Datenbank zu spanischer wissenschaftlicher Literatur DIALNET

Dialnet ist die phantasiereiche Abkürzung für *Difusión de Alertas en la Red*. Dialnet ist aber noch mehr als ein Alert-Dienst, also ein riesiger interdisziplinärer Ankündigungsdienst für die Inhaltsverzeichnisse sozial- und geisteswissenschaftlicher Zeitschriften aus Spanien, den man nach einer (kostenlosen) Registrierung für die eigenen Interessensgebiete, die Lieblingszeitschriften und längerfristig interessierende Suchabfragen abonnieren kann.

Dialnet ist gleichzeitig eine der größten und zudem kostenfreien bibliographischen Datenbanken für die spanische wissenschaftliche Literatur, in der 7400 Zeitschriften ausgewertet werden. Die insgesamt über 3,3 Mio. Literaturangaben betreffen im einzelnen 2,2 Mio. Zeitschriftenartikel, 400 000 Aufsätze aus Sammelwerken, über 20 000 Dissertationen sowie 350 000 Monographien und Rezensionen. Inzwischen ist auch Einiges im Volltext zugänglich (insbesondere von Non-Profit-Verlagen). Autoren wissenschaftlicher Publikationen können ihre Arbeiten über Dialnet im Volltext einstellen lassen und personalisierte Seiten mit ihrer Publikationsliste, ihrer institutionellen Anbindung etc. anlegen. Dieses Wissenschaftlerverzeichnis ist über den Menüpunkt „Autores" abrufbar.

Koordiniert wird Dialnet von der *Universidad de la Rioja*, viele spanische Unibibliotheken sind kooperativ an der Erstellung der Datenbank beteiligt.

Link

http://dialnet.unirioja.es/
Bei Youtube gibt es mehrere offizielle, spanischsprachige Videos mit Anleitungen, wie man Dialnet benutzen kann. Einfach Dialnet in Youtube eingeben!

1.1.10 Handbook of Latin American Studies (HLAS)

Dieses Handbuch ist kein Handbuch. Vielleicht hatte man in den 1930er Jahren noch eine andere Vorstellung von einem Handbook. Damals nämlich wurde diese heute traditionsreiche, interdisziplinäre Bibliographie zu Literatur rund um Lateinamerika gegründet. Die Erstellerin ist die *Hispanic Division* der *Library of Congress* in Washington

D.C., der größten Bibliothek der Welt. Sie finden in HLAS Literaturangaben zu wissenschaftlichen Monographien, Zeitschriftenartikeln, Kongressakten, Sammelwerken und elektronischen Ressourcen aus einem Dutzend Disziplinen, darunter auch *Literature. Language* wurde offenbar zuletzt 1993 als eigene Disziplin klassifiziert. Jedes Jahr wählen über 130 Fachleute ca. 5000 Bücher aus, die in die Bibliographie eingehen. Außerdem werden gegenwärtig über 3000 Zeitschriften ausgewertet, darunter weiterhin auch einige sprachwissenschaftliche oder allgemein philologische.

Es gibt mehrere Zugänge: erstens die **gedruckten Bände**, die ab 1936 veröffentlicht wurden. Seit den 1960er Jahren erschienen die Bände alternierend, d. h. in den geraden Bandzahlen wurden die *Humanities* abgehandelt, in den ungeraden Bandzahlen die *Social Sciences*. Circa 60% der Literaturangaben betreffen Monographien, 40% Zeitschriftenartikel und andere unselbstständige Publikationen. In den späten 1980er Jahren wurden die Literaturangaben erstmals in eine Datenbank eingespeist, um hieraus die gedruckte Ausgabe elektronisch zu generieren. Das war der Beginn der heutigen Datenbank.

Eben diese Daten ab Band 50 (1989) bis zur Gegenwart kann man zweitens heute über den Katalog der *Library of Congress* recherchieren. Diese Version heißt *Handbook of Latin American Studies Online Catalog* (**HLAS Web**) und ist zu finden unter http://hlasopac.loc.gov/webvoy. htm. Suche und Anzeige sind sehr komfortabel und damit die empfehlenswerteste Möglichkeit, die neuere Literatur zu recherchieren.

Wenn man in den vollständigen Daten – nämlich von 1936 bis zu den aktuellen Jahrgängen (die neuesten in einem vorläufigen Stadium) – recherchieren will, sollte man drittens die frei zugängliche Online-Version namens **HLAS Online** (www.loc.gov/hlas/) wählen, auch wenn die Anzeige etwas weniger übersichtlich ist. Voreingestellt ist, dass maximal 500 Treffer angezeigt werden. Sie können dies auf maximal 5000 Treffer hochsetzen, sollten bei Suchbegriffen, die viele Treffer erwarten lassen, aber mit weiteren Suchbegriffen (z. B. englischen Schlagworten) oder Jahreszahlen die Trefferzahl eingrenzen.

1.1.11 Articoli italiani di periodici accademici/Bibliographie der italienischen Zeitschriftenliteratur (AIDA online)

Für die Datenbank AIDA online werden die Inhaltsverzeichnisse von derzeit rund 1000 wissenschaftlichen italienischen Zeitschriften auf dem geistes- und sozialwissenschaftlichen Sektor („nel campo sociale, letterario, nelle scienze umane e le arti") laufend erfasst.

Die Literaturangaben stammen fast zu 100% aus dem Zeitraum von 1997 bis zur Gegenwart, vereinzelt sind indes auch frühere Titel zu finden. AIDA hat keinen gedruckten Vorgänger, die Erfassung begann für die Berichtszeit ab 1997 gleich in Datenbankform. Insgesamt enthält AIDA online ca. 287 000 Zeitschriftenaufsatztitel aus alles in allem knapp 1400 Zeitschriften. Die einzelnen Aufsätze werden in eine grobe Systematik eingeordnet (z. B. Rhetorik/Stilistik; Literarische Stoffe, literarische Motive, literarische Themen).

Für in Italien erscheinende Fachzeitschriften ist AIDA neben Italinemo somit der erste Anlaufpunkt, wobei in AIDA auch zur Sprachwissenschaft und interdisziplinär recherchiert werden kann, in Italinemo überwiegend zur Literaturwissenschaft.

1.1.12 Riviste di italianistica nel mondo (Italinemo)

Italinemo ist die Abkürzung für *(Riviste di) Italianistica nel mondo*. Die kostenfreie Datenbank verzeichnet die Inhaltsverzeichnisse von derzeit 115 Fachzeitschriften zur italienischen Philologie mit Schwerpunkt auf der Literaturwissenschaft ab dem Jahr 2000 bis zu den laufenden Heften. Im Gegensatz zu LIRA sind kaum interdisziplinäre Zeitschriften enthalten, der Fokus liegt auf rein italianistischen Organen. Von den Zeitschriften stammen ca. 80% aus Italien, daneben je eine Handvoll v.a. aus Deutschland, Frankreich, Spanien, Großbritannien sowie aus den USA. Mittlerweile wurden die Inhaltsverzeichnisse von fast 1700 Zeitschriftenheften aufgenommen, was zu knapp 40 000 verzeichneten Titeln von Aufsätzen und Rezensionen geführt hat. Die Aufsätze werden stets mit einem (italienischen) Abstract versehen. Die Inhaltsverzeichnisse können entweder zeitschriften- bzw. heftweise durchgesehen werden (linker Kasten: Le riviste presenti) oder mithilfe einer Suchmaske übergreifend abgesucht werden (Banca dati – ricerca).

Als Besonderheit werden in Italinemo die Zeitschriften selbst auch ausführlich vorgestellt, inklusive eingescanntem Titelblatt, Kontaktadresse, Herausgeber- und Redaktionsgremien sowie Abopreisen.

Link   www.italinemo.it

1.2 Literatur beschaffen: Basics

Nachdem Sie in den Fachdatenbanken die ersten Titel der Bücher und Aufsätze zu Ihrem Thema ermittelt haben, geht es nun darum, diese Texte schwarz auf weiß auf Papier oder in elektronischer Form auch zu beschaffen. Hierzu wollen wir uns die grundlegenden bibliothekarischen Kataloge aus der Nähe anschauen.

1.2.1 Der Katalog Ihrer Bibliothek (OPAC)

Bibliotheken schreiben seit jeher auf, was sie in ihrem Bestand haben. Jede Bibliothek will nämlich wissen, was sie besitzt, nicht zuletzt, um es Ihnen als Bibliotheksbenutzer zur Verfügung stellen zu können. Früher schrieb man die Titel von Hand in dicke Bücher (Bandkataloge), dann mit der Schreibmaschine auf eine Art Karteikarten (Zettelkataloge) und heute in eine Datenbank, die über das Internet abfragbar ist. Diese Datenbanken heißen OPACs, *Online Public Access Catalogues*.

In OPACs können Sie sich also informieren, welche Bücher, Zeitschriftentitel und elektronischen Medien Ihre Unibibliothek für Sie bereithält. Sie finden dort nicht nur Autor, Titel, Verlag und Erscheinungsjahr eines Buchs, sondern auch eine **Signatur**, das ist eine eindeutige Nummer oder Buchstaben-Zahlen-Kombination, mit der Sie das Buch im Regal finden oder aus dem Magazin bestellen können. Sie erfahren auch, in wievielen Exemplaren das Buch vorhanden ist und welche davon gerade ausgeliehen sind, ferner, ob das Buch in einer Instituts-, Fach- oder Teilbibliothek möglicherweise als nicht ausleihbarer „Präsenzbestand" nur vor Ort eingesehen werden kann. Außerdem wird Ihnen angezeigt, ob ein E-Book oder ein E-Journal für Sie verfügbar ist und wie die Zugangsbedingungen lauten (bei lizenzpflichtigen Online-Medien je nach Bestimmungen des Anbieters nur in der Bibliothek, auf dem Campus oder als angemeldeter Bibliotheksnutzer mit einem Kennwort auch von zuhause aus).

Informationen in einem OPAC sind auf Ihre Bibliothek vor Ort bezogen. Sie sind „bestandsbezogen" im Gegensatz zu vielen bibliographischen Datenbanken, die „bestandsunabhängig" sind, die also nur die Literaturangabe ohne eine Signatur aus einer Bibliothek liefern.

Meist haben OPACs eine einfache und eine erweiterte Suche. Wobei die erweiterte Suche viel einfacher ist als die einfache: in der erweiterten Suche treffen Sie nämlich auf ein Formular, das Ihnen genau sagt, was Sie tun sollen. In das eine Feld geben Sie den Autor, in das andere Feld geben Sie den Titel ein. Die Datenbank verknüpft nun z. B. den Autorennamen *Simone de Beauvoir* und den Werktitel *Le deuxième sexe* und zeigt Ihnen nicht mehr, aber auch nicht weniger als die in der Bibliothek tatsächlich vorhandenen Ausgaben dieses Werkes an.

Bei der einfachen Suche hingegen gibt es nur eine einzige Suchzeile, in die Sie – wie bei Google – einfach irgendetwas eingeben können. Das klingt zunächst praktisch. Allerdings weiß die Datenbank gar nicht so genau, wo sie überall für Sie suchen darf, weil sie keine genauen Befehle von Ihnen bekommen hat. Aus lauter Diensteifer sucht sie dann überall, in allen Schubladen, die sie in ihrer Kommode nur finden kann. Sie sucht alle Worte (also auch den Titel) in der Autoren-Schublade, sie sucht alle Worte (auch den Autor) in der Titel-Schublade und außerdem wühlt sie auch noch in der Schlagwort-Schublade, vielleicht in der Inhaltsverzeichnis- und Abstract-Schublade. Glücklich, dass sie Ihnen etwas präsentieren kann, legt die Datenbank Ihnen dann alles auf den Tisch, was sie gefunden hat. Das ist einerseits dankenswert, denn Sie erhalten Unmengen Treffer. Aber wollten Sie tatsächlich wissen, dass es eine schwedische Dissertation von Eva Lundgren-Gothlin mit dem Titel *Kön och existens. Studier i Simone de Beauvoirs Le deuxième sexe* gibt (da hat die Datenbank die Suchworte alle im Titel gefunden) oder eine italienische Abhandlung mit dem Titel *La Donna-Donna. Lettura critica del Secondo sesso di Simone de Beauvoir* (da war der OPAC bei den Schlagworten fündig geworden). Ja, vielleicht, wenn Sie fließend Schwedisch und Italienisch können und über *Das andere Geschlecht* promovieren. Eigentlich wollten Sie aber erst einmal das Buch selber finden. Und da ist es schlechterdings lästig, aus den ganzen irrelevanten Treffern die wenigen „richtigen" herausfischen zu müssen.

Verstehen wir uns nicht falsch, ich will Sie nicht davon abhalten, die einfache Suche zu benutzen, Sie finden schließlich auch für Sie nützliche Aufsatzsammlungen wie jene mit dem Titel *Beauvoir and The second sex. Feminism, race, and the origins of existentialism*. Es ist aber bei einer Datenbankrecherche nie verkehrt zu wissen, in welchen Schubladen mein OPAC für mich sucht.

Früher gab es in Bibliotheken zwei verschiedene Zettelkataloge: in einem fanden Sie alle Bücher, die die Bibliothek besitzt, sortiert nach den Verfassern der Bücher oder bei anonymen Werken nach den Werktiteln (Verfasserkatalog). In dem anderen waren dieselben Zettel ein zweites Mal enthalten, nur anders sortiert, nämlich nach den Themen der Bücher (Systematischer Katalog oder Schlagwortkatalog). Heute sind die Informationen aus beiden Katalogen im OPAC vereint. Die

Bibliothekare machen also zweierlei: sie beschreiben das Buch zuerst nach den Formalia wie Autor, Titel, Verlag und Jahr (Formalerschließung) und dann nach inhaltlichen Kriterien (Sacherschließung): wovon handelt das Buch?

Nehmen wir an, ein Buch trüge den Titel *Der gelbe Wurm*. Dann vergibt ein Bibliothekar z. B. die Schlagworte „Berlin, Untergrundbahn, Geschichte" und ordnet es in die Kategorie „55.31 Schienenfahrzeuge" (55 steht in dieser Klassifikation für Technik) ein. Damit ist das Buch (das Sie als Fan der Berliner U-Bahn mit bloßer Titelsuche nie gefunden hätten) verbal und klassifikatorisch erschlossen worden. Wenn Sie noch weitere Bücher über die U-Bahn suchen, brauchen Sie nur im OPAC das Schlagwort „Untergrundbahn" oder auch „U-Bahn" oder „Metro" einzugeben (die Schlagworte sind nämlich automatisiert mit ihren Synonymen verknüpft).

In OPACs kann man nicht nur Bücher finden, von denen man schon vorher wusste, dass sie existieren. Sie können auch Literatur zu Themen recherchieren, d. h. nach Büchern Ausschau halten, deren Titel Sie noch nicht kennen, in denen aber hoffentlich inhaltlich das abgehandelt wird, was Sie in Ihrer Seminararbeit klug erörtern sollen. Meist können Sie nach Schlagworten suchen, in anderen OPACs auch nach Sachgruppen, manchmal hat Ihr OPAC beides im Angebot. Fragen Sie in Ihrer Unibibliothek nach, welches System sie anwendet und wie Sie die Suchabfragen formulieren müssen.

Schlagworte: Ihre „Helferlein" für die thematische Suche

Eine Systematik, die eher in norddeutschen Bibliotheken verbreitet ist, ist die **Basisklassifikation** (BK), bei der für die Philologien stets eine Zahl für die jeweilige Sprache vergeben wird (z. B. *18.21 Französische Sprache und Literatur, 18.22 Französische Sprache, 18.23 Französische Literatur, 18.24 Französische Literatur außerhalb Europas*) und diese mit der philologischen Teildisziplin, in die das Buch einzuordnen ist, kombiniert wird (z. B. *17.53 Phonetik, Phonologie* oder *17.93 Literarische Stoffe, literarische Motive, literarische Themen*).

In Süddeutschland neigt man eher zur **Regensburger Verbundklassifikation** (RVK), die feiner gegliedert ist. Hier ein winziger Auszug aus der RVK:

I Romanistik
- IA Zeitschriften
- IB Romanische Sprachen und Literaturen
- ID Französische Sprache
  - ...
  - ID 1600 – ID 9355 Französisch
    - ID 1600 Allgemeines, Methodik
    - ...
    - ID 2380 – ID 9355 Neufranzösisch

- ID 2380 Allgemeine Sprachbeschreibung
- ID 2400 Sprachpsychologie
- ...
- ID 3250 – ID 6100 Grammatik
  - ...
  - ID 3275 Historische Grammatik
  - ID 3325 – ID 4065 Lautlehre
    - ID 3325 Allgemeines
    - ID 3400 Beschreibende Phonetik, allgemein
    - ID 3420 Historische Phonetik, allgemein
      - ID 3435 Vokale
      - ID 3470 Konsonanten
    - ...

In amerikanischen und inzwischen auch in vielen französischen, italienischen und spanischen Bibliotheken wird wiederum eine andere Klassifikation angewandt, nämlich die **Dewey Dezimalklassifikation** (DDC). Sie besteht aus zehn Hauptklassen, darunter der Klasse 400 für Sprache und der Klasse 800 für Literatur. Diese sind weiter unterteilt, z. B.:

440 Romanische Sprachen; Französisch
441 Schriftsysteme und Phonologie des Französischen
442 Etymologie des Französischen usw.

Je nachdem, in welcher Tiefe die DDC angewandt wird, hängen die Bibliothekare an diese drei Zahlen, abgetrennt durch einen Punkt, noch weitere Zahlen an, etwa um Ihnen zu verdeutlichen, dass es sich um eine Einführung oder ein Handbuch handelt.

Es gibt also unterschiedliche bibliothekarische Methoden, um den Inhalt eines Buches zu beschreiben. Die einen nennt man verbale Sacherschließung (z. B. Schlagworte), die anderen klassifikatorische Sacherschließung (z. B. BK, RVK, Dewey). Hier ein Beispiel, was man in unterschiedlichen Katalogen zu einem Titel finden kann:

Titel: Introduction à la phonétique historique du français
Verfasser: Englebert, Annick
Erschienen: Bruxelles: De Boeck Duculot, 2009
Umfang: 256 S.: graph. Darst. ; 24 cm
Schriftenreihe: Champs linguistiques: Manuels
ISBN: 978-2-8011-0428-6

Schlagworte:
- Französisch ; Historische Phonetik

Basisklassifikation:
- 18.22 ; Französische Sprache
- 17.53 ; Phonetik ; Phonologie

Regensburger Verbund-Klassifikation:
- ID 3420

Französische Nationalbibliothek (Schlagworte und Dewey):
- Sujet(s): Français (langue) -- Phonologie historique
- Indice(s) Dewey: 441.58 (22e éd.)

Französischer Verbundkatalog SUDOC (Schlagworte):
- Français (langue) -- Phonologie historique -- Manuels d'enseignement supérieur
- Français (langue) -- Phonétique -- Manuels d'enseignement supérieur

Oft sind diese Schlagworte und Klassifikationen als Link angelegt. Wenn Sie einen Titel gefunden haben, der Sie interessiert, klicken Sie auf dessen Schlagworte, und Sie bekommen automatisch alle anderen Bücher zum gleichen Thema angezeigt, die katalogisiert wurden, seitdem sich die Bibliothek für dieses Verfahren entschlossen hat. Älteres kann noch anders bearbeitet worden sein. Jedenfalls: Nach allen solchen Schlagworten und Klassifikationen können Sie in den einzelnen Bibliothekskatalogen suchen. Da es so viele unterschiedliche sind, kann ich sie hier nicht alle beschreiben – fragen Sie nach bzw. lesen Sie die Hilfetexte der OPACs!

Zugegeben: Amazon und Google Books bieten Ihnen oft noch Zusatzinformationen wie das Buchcover, den Klappentext und Rezensionen von anderen Käufern. Manchmal lässt man Sie über „Blick ins Buch!" ein paar Probeseiten einsehen. Mehr und mehr nehmen aber auch Bibliotheken solche **Kataloganreicherungen** in ihr Programm auf, z. B. das eingescannte Inhaltsverzeichnis, das auch Wort für Wort durchsuchbar ist (wahrscheinlich müssen Sie dazu einen besonderen Suchschlüssel auswählen, erkundigen Sie sich in Ihrer Bibliothek!).

Recherchieren Sie nicht nur nach möglichst vielen Synonymen und Varianten Ihres Themas, sondern auch nach den Entsprechungen Ihres Suchbegriffs in anderen Sprachen! Natürlich erhalten Sie bereits Treffer, wenn Sie „Sizilianische Dichterschule" eingeben – und die Suche nach „Scuola poetica siciliana" ist ja ohnehin selbstverständlich, aber nehmen Sie auch „École sicilienne" und „Sicilian School" in den Blick. Und ziehen Sie auch Werke zur Kulturgeschichte Siziliens und Palermos zu Rate – und beschaffen Sie sich auch Literatur über die Hauptakteure Giacomo da Lentini und den Staufer Friedrich II./Federico II.

1.2.2 Der „Deutschlandkatalog" (und mehr): der Karlsruher Virtuelle Katalog (KVK)

Der Karlsruher Virtuelle Katalog (KVK) ist genial, auch wenn eigentlich fast nichts davon stimmt, was er in seinem Namen verspricht. Er wurde an der Uni Karlsruhe erfunden, aber ansonsten hat die ganze Sache mit Karlsruhe nur wenig zu tun. Es ist zumindest nicht etwa so, dass alle die angezeigten Bücher in Karlsruhe zu haben wären. Nein, der KVK ist auch überhaupt kein Katalog, sondern er tut nur so. Virtuell trifft es noch am ehesten. Er führt virtuell zusammen, was ziemlich verstreut ist, jede Menge Bibliothekskataloge nämlich. Sie kennen das Prinzip von Preisrobotern oder einer Billigflugsuchmaschine: Sie müssen nur einmal eingeben, was Sie suchen und im Hintergrund fragt das Programm automatisch Ihren Wunsch bei vielen Anbietern ab und spuckt die Ergebnisse übersichtlich auf einer Seite aus.

Link

http://www.ubka.uni-karlsruhe.de/kvk.html

Verbund-
kataloge:
der Daten-
pool Ihrer
Region

Der Hintergrund in den Bibliotheken ist folgender: Alle streben nach Rationalisierung und Synergieeffekten, weswegen sich Bibliotheken in regionalen Verbünden zusammengeschlossen haben. In Deutschland gibt es sechs Bibliotheksverbünde mit jeweils eigenen Katalogen, z. B. den Bibliotheksverbund Bayern (BVB) oder das Hessische Bibliotheks- und Informationssystem (HeBIS). Gemeinsam decken diese Verbundkataloge die bibliothekarischen Sammlungen in ganz Deutschland ab.

Wenn Sie ein Buch in Ihrer Unibibliothek nicht finden, aber nachsehen wollen, ob es irgendeine andere deutsche Bibliothek hat, damit Sie es sich als Fernleihe bestellen können, müssten Sie normalerweise nacheinander in alle diese Verbundkataloge den Titel eingeben. Denn was es in Deutschland nicht gibt, ist der große, im Ausland ganz übliche allumfassende nationale Zentralkatalog. Das starke föderale Element in Deutschland hat zu einer Heterogenität und Zersplitterung der Kataloglandschaft geführt, die der Recherche nicht eben förderlich ist.

Nun kommt aber der KVK ins Spiel: Der Karlsruher Virtuelle Katalog ist eine Suchmaschine, die es Ihnen gestattet, den gesuchten Titel nur ein einziges Mal in eine Suchmaske einzugeben. Alle deutschen ‚Länderkataloge' werden simultan durchsucht, was den KVK zu einem (fast idealen) Ersatz eines Nationalkatalogs macht.

Und nicht nur das: auch viele ausländische Kataloge werden über den KVK abgefragt, z. B. die österreichischen und Schweizer Kataloge, der Katalog der Französischen Nationalbibliothek („Französische NB" genannt), der Verbundkatalog der französischen Unibibliotheken („Französischer VK"), der Katalog der Spanischen Nationalbibliothek („Spanische NB"), der Verbundkatalog der spanischen wissenschaftlichen Bibliotheken („Spanischer VK"), der italienischen wissenschaftlichen Bibliotheken („Italienischer VK") usw. Und wenn alle Stricke reißen, können Sie auch gleich abchecken, ob Sie das Buch bei Amazon bekommen können oder es sich antiquarisch über das „Zentrale Verzeichnis antiquarischer Bücher" oder bei Ebay kaufen wollen (manchmal schneller, freilich auch teurer als eine Fernleihe).

1.2.3 WorldCat

Der WorldCat ist die größte bibliographische Datenbank weltweit. In ihr finden Sie die Bestände von 72 000 Bibliotheken aus 170 Ländern. Enthalten sind Publikationen aus allen Fachgebieten in mehr als 400 Sprachen. Neben Büchern und Zeitschriften sowie elektronischen Medien werden z. B. auch Filme, Tonträger, Noten, Handschriften und Karten nachgewiesen. Jedes Jahr kommen mehr als zwei Millionen Eintragungen hinzu. Insgesamt finden Sie ca. 250 Millionen Medien in diesem Verbundkatalog. Da sich diese Medien in mehreren Bibliotheken befinden können, summieren sich die Besitznachweise auf 1,8 Milliarden.

OCLC
WorldCat®

http://www.worldcat.org   Link

Vom KVK unterscheidet sich der WorldCat unter anderem dadurch, dass nicht alle deutschen Bibliotheken hier nachgewiesen sind. Voraussetzung ist nämlich, dass eine Bibliothek direkt oder mittelbar Mitglied bei OCLC ist, einem in den USA beheimateten großen Dienstleister für Bibliotheken. Sie können den WorldCat also zur Recherche verwenden, aber wenn Sie unterhalb eines Treffers über den Link „Bibliothekssuche" Ihre Bibliothek nicht finden, suchen Sie den Titel am besten erneut in dem OPAC Ihrer Bibliothek oder im KVK.

1.2.4 Die Zeitschriftendatenbank (ZDB)

Für die Recherche nach Zeitschriftentiteln existiert ein deutschlandweiter großartiger Verbundkatalog, die Zeitschriftendatenbank. Die ZDB enthält 1,5 Mio. Periodikatitel (neben Zeitschriften auch noch Zeitungen und Serien) in allen Sprachen vom Jahr 1500 bis heute und weist zu diesen Titeln mehr als 10,3 Mio. Besitznachweise von ca. 4300 deutschen Bibliotheken nach. Sie finden nicht nur deutsche Publikationen, vielmehr ist die ZDB auch nützlich, um festzustellen, ob eine ausländische Zeitschrift oder Zeitung in einer deutschen Bibliothek vorhanden ist. Wenn Sie bei Ihren bibliographischen Recherchen also auf einen Zeitschriftenaufsatz aufmerksam werden, Ihre Bibliothek vor Ort diese Zeitschrift aber nicht besitzt, informiert Sie die ZDB, ob andere deutsche Bibliotheken dieses Periodikum führen und man Ihnen dort Kopien des Aufsatzes anfertigen kann.

Link | www.zdb-opac.de

Die Anzeige in der ZDB ist ziemlich übersichtlich, denn der Titel einer Zeitschrift wird nur ein einziges Mal katalogisiert, und alle deutschen wissenschaftlichen Bibliotheken und viele Stadtbüchereien, die die Zeitschrift ihr Eigen nennen (und sei es nur mit ein paar Jahrgängen), fügen der Zeitschrift ihre Signatur und die jeweils vorhandenen Bände an.

In den „Titeldaten" (gleichnamiger Karteireiter in der Mitte des Bildschirms) wird zuvörderst – ganz unabhängig von einer einzelnen Bibliothek – angegeben, welche Jahrgänge überhaupt erschienen sind, z. B. bei der *Zeitschrift für romanische Philologie*

1.1877 - 64.1944; 65.1949 -

Der Bindestrich hinter dem Jahr 1949 macht kenntlich, dass die Zeitschrift seither und bis heute unverdrossen („laufend") erscheint.

Wenn eine Bibliothek die Zeitschrift lückenhaft besitzt oder zwischenzeitlich abbestellt hat, kann das so aussehen:

1.1877 - 30.1906; 32.1908 - 58.1938; 60.1940 (Lücken)

1.1877 - 126.2010 (Abbestellung)

Letztere Bibliothek hat die Zeitschrift mit dem 126. Jahrgang als Printexemplar abbestellt (in diesem Fall, weil sie jetzt eine Lizenz für die neue elektronische Ausgabe erworben hat).

Wie finden Sie nun heraus, ob Ihre Unibibliothek eine bestimmte Zeitschrift besitzt? Hinter dem Karteireiter „Besitznachweise" sind diejenigen Bibliotheken, die über die Zeitschrift verfügen, nach Regionen sortiert aufgeführt: von BAW (Baden-Württemberg, Saarland und Teile von Rheinland-Pfalz), über BAY (Bayern) bis hin nach THU (Thüringen).

Präzise ist die ZDB auch bei Zeitschriften, die schon seit langem erscheinen, aber zwischendurch einmal ihren Titel geändert hatte. Wenn Sie den Jahrgang 35.1934 der Zeitschrift *Euphorion* benötigen, werden Sie enttäuscht sein, dass ihn keine einzige Bibliothek zu besitzen scheint. Gehen Sie dann in den Karteireiter „Titeldaten": hier wird Ihnen in der ZDB nachgezeichnet, dass dieses Organ während der Zeit des Nationalsozialismus seinen Namen in *Dichtung und Volkstum* geändert hat. Den Jahrgang 35.1934 finden Sie dann hierunter katalogisiert. In der ZDB sind also Vorgänger und Nachfolger von Zeitschriften in den „Titeldaten" mit Links angegeben.

Wichtig ist, dass in der ZDB nur die **Titel** von Zeitschriften aufgeführt werden, nicht aber die Aufsätze aus diesen Zeitschriften. In der ZDB sind auch elektronische Zeitschriften angegeben. Wenn sie die Nachfolger oder die Parallelausgaben von gedruckten Ausgaben sind, sind sie über die Titeldaten mit der Printfassung verlinkt.

Titel gewünscht?

1.2.5 Die Elektronische Zeitschriftenbibliothek (EZB)

Die EZB bietet den Zugang ausschließlich zu elektronischen Zeitschriften, eigentlich nur zu wissenschaftlichen, aber z. B. der *Spiegel Online* ist auch verzeichnet. Insgesamt umfasst die EZB über 50 000 Titel aus allen Fachgebieten, davon sind 30 000 im Volltext frei zugänglich. Die restlichen 20 000 Zeitschriften sind lizenzpflichtig, d. h. die Bibliotheken müssen den Verlagen eine jährliche Nutzungsgebühr zahlen; für Sie als Nutzer ist der Zugriff dann kostenlos.

Allgemeine Oberfläche:
http://rzblx1.uni-regensburg.de/ezeit/
Wählen Sie bei Bibliotheksauswahl Ihre Bibliothek aus!

Link

Von Vorteil ist in der EZB die Sortiermöglichkeit nach Wissenschaftsfächern. Wählen Sie das Fach Romanistik, erhalten Sie etwa 700 elektronische Fachzeitschriften. Allerdings sind manche Titel mehrfach untereinander aufgeführt, z. B. wenn die älteren Jahrgänge frei im Netz verfügbar (in dem praktischen Ampelsystem mit grün gekennzeichnet) und die laufenden Jahrgänge nur über eine Lizenz erhältlich sind. Wenn Sie Glück haben, hat Ihre Bibliothek die Lizenz erworben. Das sehen Sie am besten, wenn Sie über die Website Ihrer Unibibliothek in die EZB hineingehen oder unter „Einstellungen" als erstes Ihre Bibliothek auswählen. Die EZB hat nämlich zum einen eine „allgemeine" Oberfläche für Jedermann und zum anderen für jede der 350 mitarbeitenden Bibliotheken eine eigene „lokale Sicht" (erkennbar, wenn das Logo Ihrer Bibliothek eingeblendet wird).

Wenn Sie sich einen Überblick verschaffen wollen, welche elektronischen romanistischen Zeitschriften Ihre Bibliothek bereitstellt, ist die EZB viel geeigneter als die ZDB. Wenn Sie aber auf der Suche nach einer Ihnen namentlich schon bekannten elektronischen Zeitschrift sind, in der ein Sie interessierender Aufsatz veröffentlicht wurde, ist es im Grunde egal, ob Sie in ZDB oder EZB nachschauen. Für ausschließlich gedruckt erschienene Zeitschriften ist hingegen die ZDB die einzig vollständige Datenbank.

1.2.6 Das Datenbank-Infosystem (DBIS)

DBIS ist eine Datenbank, in der wissenschaftlich relevante Datenbanken aufgeführt, beschrieben, nach Fächern geordnet und für Nutzer von Bibliotheken und – sofern sie frei im Netz sind – auch für Jedermann zugänglich gemacht werden, es ist ein *Datenbank-Informationssystem.*

Link	Allgemeine Oberfläche: **www.bibliothek.uni-regensburg.de/dbinfo** Wählen Sie bei Bibliotheksauswahl Ihre Bibliothek aus!

Über 250 Bibliotheken arbeiten hier zusammen – momentan verzeichnen sie mehr als 9400 Datenbanken aus allen Wissenschaftsdisziplinen, von denen 3500 frei im Netz verfügbar sind; die anderen, weil kommerzieller Natur, allein für eingeschriebene Bibliotheksbenutzer. A propos *Datenbank-Informationssystem*: DBIS lässt zwar Recherchiererherzen höher schlagen, konzentriert sich aber, nomen est omen, nur auf Datenbanken. Linksammlungen ohne Datenbankstruktur werden nicht aufgenommen. Ebensowenig elektronische Zeitschriften (hierfür suchen Sie ja in der EZB) und auch keine E-Books, die im OPAC Ihrer Bibliothek und im KVK nachgewiesen sind.

Zwei Wege führen zu DBIS: entweder gehen Sie auf die allgemeine Oberfläche und klicken im Menüpunkt „Bibliotheksauswahl" Ihre Bibliothek an. Oder Sie hangeln sich über die Website Ihrer Bibliothek zu einem Link zu DBIS durch. Auf jeden Fall ist es günstig, die DBIS-

Oberfläche der eigenen Bibliothek zu wählen, denn so sieht man gleich anhand eines Ampelsystems, worauf man zugreifen kann. Die grünen Datenbanken sind frei zugänglich, bei allen anderen Farben und Icons müssen Sie die von Bibliothek zu Bibliothek abweichenden Nutzungsbedingungen (z. B. für Campuslizenzen oder einen ortsunabhängigen *Remote Access*) beachten. Manchmal ist das DBIS-Design dem Webauftritt Ihrer Unibibliothek angepasst; die Inhalte sind aber identisch.

In der linken Menüleiste erwartet Sie eine **„schnelle" Suche.** Sie dient dazu, nach Ihnen bereits namentlich bekannten Datenbanken zu recherchieren (z. B. geben Sie hier MLA ein). Rechts daneben auf der Startseite voreingestellt präsentiert sich Ihnen die sehr nützliche **Liste der Wissenschaftsfächer.** Für Sie relevant ist neben der Romanistik vor allem auch die Allgemeine und vergleichende Sprach- und Literaturwissenschaft. Sie sehen auf einen Blick alle Datenbanken, die für die Romanistik wesentlich sind, in einer kompletten A–Z-Liste auf dem Bildschirm, die Sie aber auch anders, nämlich z. B. nach „Datenbanktyp", sortieren lassen können. Bei der Fülle der Datenbanken ist eine solche Segmentierung nach z. B. Bilddatenbanken, biographischen Datenbanken, Volltextdatenbanken oder Wörterbüchern/Enzyklopädien/Nachschlagewerken ratsam, um die Treffermenge anfangs nicht ausufern zu lassen, sondern die für Sie in Frage kommenden Datenbanken sukzessive, ‚paketweise', kennenzulernen.

In der **„erweiterten Suche"** sind auch Verknüpfungen formaler und inhaltlicher Aspekte selbsterklärend möglich. Wenn Sie bei den Fachgebieten mithilfe der STRG-Taste gleichzeitig „Romanistik" und „Allgemeine und vergleichende Sprach- und Literaturwissenschaft" markieren, bei den Datenbanktypen die „Fachbibliographien" wählen und sich bei der Auswahl der Regionen etwa für Spanien entscheiden, ist die Zahl der Ihnen nun präsentierten Datenbanken für den Anfang ausreichend und die Übersichtlichkeit bleibt wunderbar gewahrt.

Achtung: falls sich die Liste der Treffer über mehrere Seiten erstreckt, ist der Link zur folgenden Seite ganz am unteren Ende des Bildschirms leicht zu übersehen!

Ein Klick auf den Kurztitel der einzelnen Datenbanken leitet Sie zu einer gründlichen Übersicht: Inhaltsabstracts beschreiben das Wesen der Datenbank, mitunter vorhandene Hilfetexte und E-Tutorials erleichtern die Arbeit in der eigentlichen Datenbank; mit einem Link starten Sie direkt in die Datenbank durch. DBIS ist ein virtueller Wissenschaftskosmos, den Sie bald nicht mehr missen möchten. Je mehr Datenbanken neu entstehen, desto elementarer wird der Umgang mit DBIS für alle Romanisten werden – und mit ein wenig Übung nutzen Sie DBIS ganz routiniert als unverzichtbares Rechercheinstrument. Nur ein Beispiel: Über DBIS finden Sie das *ARTFL Project*, eine vor 30 Jahren entstandene Kooperation zwischen der französischen Regierung und der Universität Chicago, über die z. B. eine elektronische Version der *Encyclopédie* von Diderot und D'Alembert sowie eine gleichzeitige Suche in wichtigen historischen französischen Wörterbüchern des 16.–20. Jahrhunderts zugänglich ist (darunter die Wörterbücher von Littré und der *Académie française*).

DFG
Nationallizenzen

In DBIS ist immer wieder die Rede von sogenannten **Nationallizenzen** – was ist das? Normalerweise muss jede Bibliothek (oder ein Konsortium von mehreren Bibliotheken) mit kommerziellen Datenbankanbietern immer wieder aufs Neue über die jährlichen Nutzungsgebühren („Lizenzen") für den Datenbankzugriff verhandeln. Die Deutsche Forschungsgemeinschaft hat daher seit 2004 Sondermittel zur Verfügung gestellt, um große, möglichst abgeschlossene Datenbanken v. a. aus dem Bereich der Geistes- und Kulturwissenschaften dauerhaft zu erwerben und gleich deutschlandweit über öffentliche Einrichtungen zur Verfügung zu stellen. Die Finanzierungsmodelle der Bibliotheken sind für Sie eigentlich irrelevant, ich erläutere Ihnen aber dennoch diese besondere Form der über eine Nationallizenz erworbenen Datenbanken, da sie zum einen besonders hochwertige Quellen darstellen (anderenfalls würden sie das strenge Begutachtungsverfahren der DFG nicht passieren). Zum anderen sind diese Datenbanken zum größeren Teil nach einer Anmeldung für Wissenschaftler mit Wohnsitz in Deutschland auch von zuhause aus zugänglich. – Über die Erweiterte Suche in DBIS (Art der Nutzungsmöglichkeit: deutschlandweit frei (Nationallizenz)) oder direkt unter www.nationallizenzen.de können Sie sich über die mittlerweile über 130 Datenbanken informieren und gegebenenfalls zur externen Nutzung anmelden. Das Passwort wird Ihnen nach einigen Tagen an Ihre Postadresse zugeschickt. Sie können aber auch auf alle Datenbanken in Ihrer oder über Ihre Unibibliothek zugreifen.

Für die Romanistik besonders interessante **Nationallizenz-Datenbanken:**

– Corpus de la Littérature Médiévale (Volltextdatenbank des Verlags Classiques Garnier Numérique mit über 900 in der langue d'oïl verfassten Werken der alt- und mittelfranzösischen Literatur vom 9. Jahrhundert bis zum Ende des 15. Jahrhunderts)

– Corpus de la Première Littérature Francophone d'Afrique Noire (Volltextsammlung mit rund 11 000 Texten zur mündlich und schriftlich überlieferten französischen Literatur südlich der Sahara vom Ende des 18. Jahrhunderts bis 1960)

– Corvey Digital Collections (enthält deutsch-, englisch- und französischsprachige literarische Primärtexte des 18. und 19. Jahrhunderts aus der Bibliothek Corvey)

– Dictionnaire de la Langue Française du 16e Siècle/Edmond Huguet

– Dictionnaire de l'Ancienne Langue Française et de tous ses Dialectes du 9e au 15e Siècle/Frédéric Godefroy

– PIO und PAO

– Romanische Bibliographie (Jahrgänge 2006–2008 als PDFs)

– Teatro Español del Siglo de Oro (850 Werke im Volltext)

– Times Literary Supplement Historical Archive (alle Hefte von der ersten Nummer aus dem Jahre 1902 bis ins Jahr 2005 im Volltext)

– Torrossa/EIO Periodici/EIO Monografie (Volltextdatenbank mit knapp 10 000 E-Books und 450 E-Journals aus ca. 100 italienischen und 30 spanischen Verlagen, darunter 160 E-Books zur italienischen Literaturwissenschaft, u. a. der Verlage Olschki, Cadmo, Longo, CLUEB, Bulzoni und Salerno)

– World Biographical Information System Online (WBIS Online) (mehrere Millionen Einträge aus biographischen Lexika des 16.–19. Jahrhunderts)

2 Advanced

2.1 Literatur finden: Advanced

Kommen wir nun zu unerlässlichen Hilfsmitteln für die Literaturwissenschaft. Angenommen, Sie haben die Aufgabe, sich mit einem Roman zu beschäftigen, der so bedeutend ist, dass er zur Weltliteratur gerechnet wird. Dann werden Sie wahrscheinlich schon ohne viel Mühe eine ganze Reihe von Publikationen ermitteln und dann aber feststellen, dass dies alles für den Anfang bereits viel zu viel ist. Anfänglich wäre Ihnen damit gedient, sich den Inhalt des Romans zu vergegenwärtigen und von einem Experten eine grundlegende Einordnung des Werkes in den kultur- und literaturgeschichtlichen Zusammenhang vornehmen zu lassen. Möglicherweise haben Sie außerdem noch keinen wirklichen Überblick gewonnen, welche Ausgaben Ihres Romans es gibt, und wissen nicht, welche unter ihnen eigentlich als die wissenschaftlich relevante angesehen wird. Eine deutsche Übersetzung wäre auch ganz willkommen? Mit ein paar Hinweisen auf wirklich einführende und/oder wegweisende Abhandlungen des Œuvres wäre Ihnen auch gedient? – Wo finden Sie das alles? Im Kindler. Bei ihm handelt es sich um eines der nützlichsten Instrumente für den Philologen überhaupt: ein Lexikon der Werke der Weltliteratur von den Anfängen bis zur Gegenwart, geschrieben von Fachleuten und für den interessierten gebildeten Laien, d. h. allgemeinverständlich, umfassend, einfach gut.

2.1.1 Kindlers Literatur Lexikon

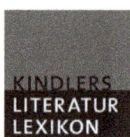

Kindlers Literatur Lexikon wurde von dem Verleger Helmut Kindler nach dem Vorbild des 1947 erstmals erschienenen italienischen Lexikons der Weltliteratur *Dizionario Letterario Bompiani delle opere e dei personaggi di tutti i tempi e di tutte le letterature* ins Leben gerufen (in Frankreich erschien es übrigens ab 1952 unter dem Titel *Dictionnaire des œuvres de tous les temps et de tous les pays* bei Laffont). Auch wenn es inzwischen vom *Kindler* eine CD-ROM und eine Online-Ausgabe gibt, werden in vielen Bibliotheken die Bände noch in ihrer Druckfassung in den Regalen stehen (und zurecht, denn teilweise enthalten sie wesentlich mehr weiterführende Informationen), daher ein paar Worte vorweg zu den drei Auflagen der Druckfassung.

Zwischen 1965 und 1974 erschien die **erste deutschsprachige Ausgabe** als **Kindlers Literatur Lexikon** in sieben Bänden plus Ergänzungsband noch weitgehend als Übersetzung der italienischen Bompiani-Ausgabe. Die Anordnung der Artikel erfolgte nach dem Alphabet der originalsprachigen Titel der Werke, was dazu führte, dass die Werke großer Autoren wie Goethe, Balzac usw. über alle sieben Bände verstreut auftauchten. 1970–1974 erschien außerdem eine „einmalige zwölfbändige Sonderausgabe".

Für die **zweite Auflage** des Kindler, die 1988–1998 unter dem Titel **Kindlers Neues Literatur Lexikon** in 22 Bänden mit etwa 19 000 Einzelbeiträgen erschien, wurden nicht nur alle Artikel neu verfasst, sondern es wurde auch die Anordnung geändert: nunmehr nach dem Alphabet der Autoren. Anonyme Werke und Stoffkomplexe (wie der Alexanderroman) wurden in gesonderten Bänden abgehandelt, flossen also nicht ins Alphabet der Autoren ein. Außerdem wurden ca. 2000 Titel vor allem zur Gegenwartsliteratur ergänzt. Alle bibliographischen Angaben wurden auf den neuesten Stand gebracht und erheblich erweitert. In zwei Ergänzungsbänden kamen schließlich noch einmal Artikel zu den Werken von 1000 Autorinnen und Autoren hinzu. Von dieser Ausgabe erschien auch eine CD-ROM.

Für die **dritte Auflage** mit 13 000 Werken und 21 500 Artikeln, die wieder unter dem Titel **Kindlers Literatur Lexikon** erschien, wurden, so das Vorwort aus dem Jahr 2009, „beispielsweise die politischen, ideologischen und kulturellen Transformationen im sogenannten ‚Ostblock', aber auch die durch das Internet verstärkte Globalisierung und umfassendere Wahrnehmung der unterschiedlichen Kulturen der Welt" berücksichtigt und der Kanon der Autoren grundlegend überdacht. „Etwa 7900 Artikel im neuen Kindler wurden aus dem alten Kindler übernommen und überarbeitet, etwa 5900 Artikel wurden neu geschrieben. Hinzu kommen über 7700 ‚Biogramme' mit den wichtigsten Informationen zum Leben und Wirken der in ihren Werken vorgestellten Autoren". Ausgeweitet wurden auch Überblicksdarstellungen, die sog. „Werkgruppenartikel" (z. B. „Politische Schriften"; Goethe: „Das dramatische Werk"), in denen nun auch kleinere Werke die Chance haben, besprochen zu werden, während man früher allein das Bedeutendste herausgegriffen hatte. In den Werkgruppenartikeln werden auch zusammengehörende Werke eines Autors dargestellt, z. B. eine Trilogie oder ein Werkzyklus. Insgesamt umfasst die dritte Auflage des Kindler 10 700 Werkartikel, 2400 Werkgruppenartikel und 750 Artikel zu anonymen Werken (z. B. *Il novellino*, unter Auslassung des Artikels bei „N", also wiederum alphabetisch und nicht mehr in Sonderbänden eingeordnet), unter ihnen etwa 220 umfassende motiv- und stoffgeschichtliche Sammelartikel (z. B. Totentanz). Auch epochemachende Werke der Sachliteratur (aus Natur-, Sozial- und anderen Geisteswissenschaften wie Philosophie, Religion, Theologie und Kunsttheorie) sind nun noch stärker vertreten als in den ersten beiden Auflagen.

Für die Romanistik bedauerlich ist folgende Tatsache: Durch die Entwicklung des Kindler aus dem Bompiani heraus waren die romanischen Literaturen naturgemäß anfangs recht stark vertreten – „mit zahlreichen Werken, die nicht zu einem gesamteuropäischen oder gar globalen Kanon gehören", so urteilt das Vorwort zur dritten Ausgabe weiter. Sie sind zugunsten etwa der nordamerikanischen Literatur, bei der Defizite herrschten, und zugunsten der stärker ins Blickfeld gerückten „süd- und südostasiatischen, vor allem indischen, aber auch afrikanischen Literaturen" nun nicht mehr aufgenommen worden. Allein diese Reduzierung der Romania spricht also dafür, ältere literarische Werke in den älteren Kindler-Ausgaben nachzuschlagen.

Alternativ könnten Sie auch eine der Ausgaben des Kindler-Vorbilds, des *Dizionario Bompiani delle opere e dei personaggi* konsultieren, z. B. die zwölfbändige von 2005 (immer noch nach Werktiteln geordnet). Hier sind allerdings keinerlei weiterführende Literaturangaben verzeichnet, aber immerhin können Sie die Inhaltsangaben und Bewertungen des Werks entnehmen.

Ein weiterer Grund, auch die zweite Auflage zu nutzen, sind die bedauerlicherweise bei der dritten Kindler-Auflage nur noch „sehr sparsam" aufgenommenen Angaben zur Sekundärliteratur. Der Schwerpunkt liegt bei aktuellen, möglichst deutschsprachigen Monographien, über die sich weitere Forschungsliteratur leicht erschließen lässt – das Schneeballsystem soll also auch hier zum Einsatz kommen, was allerdings nicht mehr so viel Nutzen stiftet, da man dies auch ohne Hilfe des Kindlers leicht selbst bewältigt. Nur wenn keine Buchpublikationen vorliegen, werden zentrale Zeitschriftenaufsätze angeführt. Schade. – Bei den Biogrammen finden Sie übrigens Literaturangaben, die sich auf die Person bzw. das Gesamtwerk des Autors beziehen; bei den Werkartikeln werden „wichtige, aktuelle und erreichbare monographische Arbeiten zum Werk" angeboten. Auf Rezensionen zu einzelnen Werken wird vollständig verzichtet.

Die dritte Kindler-Auflage erschien gedruckt wie auch als **Online-Ausgabe** mit monatlichen Updates. Recherchierbar sind die Einträge über drei Wege:

1. Praktisch ist zum einem die **A–Z-Suchleiste**, in die neben den Autoren auch die anonymen Werke und die Stoffe eingegliedert sind. Bei mittelalterlichen Autoren muss man gegebenenfalls unter dem Vornamen suchen (z. B. Francesco d'Assisi unter „F"). Klickt man in der Übersichtsliste der Autoren z. B. auf Francesco d'Assisi, öffnet sich zunächst das „Biogramm" mit sehr knappen Angaben zu

Lebensdaten, Leben und Werk sowie allgemeinen Literaturhinweisen zum Gesamtwerk bzw. zur Person als Ganzer. Leicht zu übersehen ist jedoch, dass es auch noch einen Eintrag zu dem bedeutendsten Werk des Franz von Assisi gibt. Dieses ist in einem roten Kasten auf der rechten Seite verlinkt (*Il Cantico delle creature*).

2. Wenn man nur den deutschen Werktitel *Sonnengesang* in Erinnerung hatte, kann man dieses Suchwort auch in einen **Suchschlitz**, das zweite Recherchetool, eingeben und wird auch auf den *Cantico* verwiesen. Auch die Eingabe der deutschen Schreibweise *Franz von Assisi* im Suchschlitz führt zu den gewünschten Treffern. Wenn man die Voreinstellung auf „Volltextsuche" beibehalten hatte, erhält man 14 Treffer in der Übersicht (davon 1× das Biogramm und 1× den *Cantico* Franz von Assisis), darunter auch z. B. Pablo Nerudas *Odas elementales*, in denen der Verfasser des Kindler-Eintrags einen fernen Nachklang des *Sonnengesangs* ausmacht. Es gibt also auch bereits durch diese einfache Suchanfrage Querverweise der literarischen Werke untereinander, die rezeptionsgeschichtlich interessant sein können. Sowohl in der Werkbeschreibung als auch in einem zweiten roten Kasten in der rechten Spalte sind dann auch Links zu anderen Autoren bzw. Werken angegeben, die den alten Pfeilverweisungen aus gedruckten Lexika entsprechen.

3. Als drittes Recherchewerkzeug wird eine **gefelderte Suchmaske** geboten, in der beispielsweise auch nach dem Geburtsort bzw. -land gesucht werden kann. Regionen (wie Sizilien) sind nur bisweilen an dieser Stelle suchbar. Bei der Eingabe von Städten werden auch einzelne Ortsteile im Auswahlmenü über die sog. AutoComplete-Felder angegeben – hierzu gibt es im Hilfetext Erläuterungen.

Die Datenbank eignet sich auch zum Zusammenstellen von Schriftstellergruppen: Man kann über die Suchmaske beispielsweise alle Autoren (oder nur Autorinnen) suchen, die in Italien geboren wurden. Autoren mit Geburtsland „Italien" (es werden die heutigen Grenzen zugrundegelegt) schrieben und schreiben lateinisch, neulateinisch, mittellateinisch, französisch, deutsch, griechisch, hebräisch und slowenisch. Diese Sprachen und damit z. B. die antiken Autoren lassen sich auch in einem rechten roten Kasten herausfiltern – oder man trägt gleich bei der Suchanfrage „italienisch" als gewünschte Sprache ein.

Zusätzlich kann man auf eine Gattung (z. B. Lyrik) einschränken und auf Autoren einer bestimmten Generation. Über der Treffermenge werden die Sucheingaben noch einmal angezeigt, z. B.

geboren ab: 1700 + geboren bis: 1799 + Sprache: italienisch + Hauptgattung: Lyrik + Geschlecht: männlich

Auf der Startseite werden übrigens diejenigen Autorinnen und Autoren angezeigt, die am heutigen Tag Geburts- oder Todestag haben. Auch hiernach kann – auch für andere Tage – in der Suchmaske gesucht werden (z. B. für den 29. April mit der Suchanfrage: 29.4.*).

Ausdrucken ist über die Druckfunktion des Browsers möglich. Die korrekte Zitierweise für den Kindler-Eintrag wird dabei automatisch an den Fuß des Dokumentes gestellt.

2.1.2 Kritische Lexika zur Gegenwartsliteratur

Bis es ein Autor in den Kindler und damit in einen Kanon der Weltliteratur geschafft hat, dauert es zumeist eine Weile; oftmals wird es der Dichter bedauerlicherweise nicht mehr miterleben. Immerhin wird er sich noch zu Lebzeiten freuen, wenn er sich in den leuchtend blauen, gelben bzw. roten Loseblattordnern der verschiedenen Kritischen Lexika zur Gegenwartsliteratur wiederfindet.

Was ist ein Loseblattordner? Diese Publikationsform, die man sonst von Gesetzestexten kennt, ermöglicht regelmäßige Ergänzungen des Nachschlagewerks durch Austausch oder Aktualisierung von einzelnen Seiten, ohne alles neu drucken zu müssen. In unserem Fall passiert(e) das, wenn man einen neuen Autor in das bestehende Alphabet integrieren wollte (heißt es doch in einer der Selbstbeschreibungen: „Das Lexikon geht literarischen Entwicklungen nach, indem es besonders auch junge Schriftstellerinnen und Schriftsteller würdigt und sich stets einen offenen Blick auf künftige Tendenzen bewahrt.") oder wenn ein Autor einen bedeutenden Literaturpreis erhielt oder verstarb. Mehrfach wurden auch die Literaturverzeichnisse auf den neuesten Stand gebracht. – Sofern das Nachschlagewerk inzwischen online vorhanden ist, werden diese Änderungen natürlich heute gleich in die Datenbank eingepflegt.

Relevant für die Romanistik sind zum einen die blauen Ordner, die auf den Namen **Kritisches Lexikon zur fremdsprachigen Gegenwartsliteratur**, kurz **KLfG**, hören. Hier werden laut Verlagswerbung in mehr als 650 Beiträgen „Leben und Werk herausragender Schriftstellerinnen und Schriftsteller des 20. und 21. Jahrhunderts vorgestellt, die die Literatur ihres Sprach- und Kulturraums prägen. Ausführliche Bibliografien verzeichnen alle Originalausgaben und sämtliche Übersetzungen ins Deutsche sowie die wichtigste Sekundärliteratur." Das KLfG gibt es neben der immer noch aktualisierten Druckfassung auch als elektronische Version über verschiedene Anbieter (unter der verlagseigenen Oberfläche *nachschlage.net* oder innerhalb der Datenbank *Munzinger Online;* beide Zugangsarten müssen von Bibliotheken erworben werden).

Enthalten sind zwar nur wenige, aber wichtige romanische Autoren, genauergesagt 17 italienische (Bassani, Bufalino, Buzzati, Calvino, Eco, Fo, Fortini, Ginzburg, P. Levi, Magris, Malerba, Manganelli, Montale, Morante, Moravia, Sciascia und Silone), 12 französische (Aragon, Beauvoir, Camus, Cocteau, Genet, Perec, Reza, Robbe-Grillet, Sarraute, Sartre, Simon und Vian) und fünf spanische (Goytisolo, Semprún, Vázquez Montalbán, Aub und Cela), daneben auch einige lateinamerikanische.

Zum anderen existiert ein eigenes Lexikon für die romanischen Autoren namens **Kritisches Lexikon der romanischen Gegenwartsliteraturen (KLRG)** in fünf gelben Plastikordnern. Das KLRG hat es bisher nicht zu einer elektronischen Version gebracht, sondern ist nur über die gedruckte Loseblattsammlung zugänglich. Diese ist bedauerlicherweise zuletzt 2006 aktualisiert worden. Nach Auskunft des Verlages wird die Print-Ausgabe wahrscheinlich nicht fortgeführt, eine Online-Ausgabe ist aber auch noch nicht direkt geplant. Schade, aber trotzdem ist das gelbe KLRG noch sehr nützlich für Sie, und Sie sollten es sich nicht entgehen lassen! Zu 144 Autoren des 20. Jahrhunderts, insbesondere der zweiten Jahrhunderthälfte, finden Sie hier nämlich jeweils einen meist längeren und immer lesenswerten Essay über sein Werk, eine Kurzbiographie mit Aufstellung der Preise, die der Schriftsteller erhalten hat, und vor allem eine penible Aufstellung der Primär- und Sekundärliteratur. Im Fokus stehen Prosaautoren und die französischen Philosophen und Literaturtheoretiker (Barthes, Baudrillard, Deleuze, Derrida etc.), einige wenige Lyriker und Dramatiker sind aber ebenso berücksichtigt worden.

Sprachlich liegt der Schwerpunkt auf frankophoner Literatur, insbesondere aus dem „Mutterland" Frankreich, sind doch 81 Autoren – d. h. mehr als die Hälfte – französischsprachig. Neben zwei Frankokanadiern (Ducharme, Tremblay) sind mit Bosquet und Toussaint gerade einmal zwei Belgier und mit Charles Juliet ein Schweizer vertreten. Etwas mehr Aufmerksamkeit wird der Frankophonie Afrikas gewidmet (u. a. Ben Jelloun, Djebar, Beti, Ousmane, Sédar Senghor). An zweiter Stelle der Sprachen stehen die italienischen Autoren mit 27 Vertretern, es folgen die spanischsprachigen von der iberischen Halbinsel und aus Lateinamerika (jeweils 13, u. a. Goytisolo, Semprún, Vásquez Montalbán bzw. Allende, Borges, Vargas Llosa), schließlich noch vier portugiesische, drei katalanische, zwei rumänische sowie ein okzitanischer Autor.

Manche Autoren tauchten auch bereits im KLfG auf (z. B. Bassani, Buzzati, Beauvoir), allerdings sind die Artikel zumeist von anderen Wissenschaftlern verfasst worden. Es lohnt sich also, beide Einträge über denselben romanischen Gegenwartsautor aus KLfG und auch aus KLRG heranzuziehen, wenn man sich umfassend informieren will und gleich in den Genuss von zwei unterschiedlichen Einordnungen seines Gesamtwerks auf Deutsch kommen möchte.

Der Vollständigkeit halber erwähnt sei das seit 1978 in roten Plastikordnern erschienene und heute auch online zugängliche **Kritische(s) Lexikon zur deutschsprachigen Gegenwartsliteratur (KLG)** mit Informationen zu mehr als 700 deutschsprachigen Autorinnen und Autoren, das Sie z. B. dann interessieren könnte, wenn Sie sich kontrastiv mit Südtiroler Literatur beschäftigen, sind dort doch auch drei deutschsprachige Südtiroler Autoren vertreten.

Ein Blick über den Tellerrand von Comiso	Apropos regionenbezogene Literatur: **Gesualdo Bufalino als sizilianischer Schriftsteller** – hübsches Thema, zu dem Sie aber außer dem Titel **Gesualdo Bufalino: ein europäischer Sizilianer … in carta e ossa** auf Anhieb nicht viel finden werden. Suchen Sie abstrakter: nach **Literatur und Provinz** und der **Heimat** als literarischem Sujet ganz allgemein! Und recherchieren Sie auch rechts und links von Bufalino, also nach Studien, die sich mit **sicilianità** und **sicilitudine** im Werk ähnlicher Autoren befasst haben: **Scrivere la Sicilia, Letteratura siciliana contemporanea** oder **La linea siciliana nella narrativa moderna** widmen sich zwar Autoren wie Verga, Pirandello, Vittorini und Camilleri – aber Sie blicken über den Tellerrand von Comiso, kommen auf neue Ideen und können kompetent Vergleiche ziehen zum Thema Ihrer Bufalino-Arbeit.

Denken Sie besonders bei stark regional geprägten Themen auch immer an allgemeine Regionalbibliographien, z. B. sind in der **Bibliografia Sarda** (1931, Reprint 1969) mehr als 200 Einträge zur Dialettologia Sarda, in der **Bibliografia della Corsica** (1943) 744 Einträge zu Lingua, Letteratura, Cultura enthalten.

2.1.3 Literature Resource Center

Verlässliche biographische und bibliographische Informationen insbesondere zu Autoren des 20. Jahrhunderts, aber auch zu unserem alten Freund Zola und weiteren 130 000 Schriftstellern aller Epochen (seit dem Altbabylonischen im 22. Jh. v. Chr.), aller Regionen und vieler Sprachen finden Sie in einer englischsprachigen Datenbank des Verlages Gale namens **Literature Resource Center.** Zu Zolas Leben und Werk erhalten Sie z. B. einen umfassenden Artikel samt überwiegend englischsprachiger Forschungsliteratur. Da Zola erst 1902 gestorben ist und somit noch einen Fuß ins 20. Jahrhundert gesetzt hat, hat ihm dies besonders viele Treffer in dem Konglomerat mehrerer Datenbanken im *Literature Resource Center* beschert, die teilweise einen besonderen Schwerpunkt auf die „Contemporary Authors" legen und darunter Autoren des 20. und 21. Jahrhunderts fassen. Neben dem erwähnten handbuchähnlichen Artikel ergeben sich noch über 5000 weitere Fundstellen zum Suchwort *Zola* in der Datenbank, wenn man die Volltextsuche („Entire Document") einstellt. Diese hohe Treffermenge, die über Karteireiter in unterschiedliche Kategorien unterteilt ist (z. B. *Literature criticism, Biographies, Multimedia*), lässt sich durch unterschiedliche Sucheinstiege geschickt verkleinern, z. B. wenn man in der Suchmaske das Häkchen nur bei „Overview" stehen lässt und somit nützliche Überblickstexte zu einzelnen Werken erhält. Zum einen enthält die Datenbank Texte, die gleich am Bildschirm lesbar sind, zum anderen bietet sie Literaturangaben von Aufsätzen aus oftmals elektronischen Zeitschriften. Vorausgesetzt, Ihre Bibliothek hat diese lizenziert, können Sie sich gleich zur Onlinekonsultation durchklicken. Diese Publikationen sind allerdings fast alle englischsprachig. Material etwa in deutscher oder französischer Sprache ist verschwindend gering; das Spanische beschränkt sich auf eine Handvoll Zeitschriften sowie auf Rezensionen aus der Zeitschrift *Nexos*.

Das *Literature Resource Center* eignet sich auch, um Listen von Schriftstellern, die etwas eint, zu erstellen. So kann mit der „Person Search" im Feld „Ethnicity" nach allen Schriftstellern gesucht werden, denen von den Datenbankerstellern „Hispanic American" zugeordnet wurde. Bei „Literary Movement" können Sie nach „medieval french literature" und bei „Subject Theme" z. B. nach „Italian society" recherchieren.

Im Wesentlichen enthält das LRC folgende philologienübergreifende (also beileibe nicht nur englischsprachige Autorinnen und Autoren umfassende) Datenbanken, die Sie unter einer einzigen Oberfläche gleichzeitig durchsuchen können:

1. Dictionary of Literary Biography Online: Dies ist die elektronische Version der bereits seit 1978 erscheinenden Reihe gedruckter taubenblauer Nachschlagewerke mit dem Titel **Dictionary of Literary Biography**, die Sie mit Sicherheit in Ihrer Unibibliothek in vielen Exemplaren finden werden. Selbst wenn Ihre Bibliothek die Datenbank nicht abonniert, können Sie die Informationen in Printform finden (Zola z. B. im Volume 123: Nineteenth-Century French Fiction Writers: Naturalism and Beyond, 1860–1900).

2. Contemporary Authors Online geht ebenfalls zurück auf einen gedruckten Vorgänger, das seit 1962 erscheinende **Contemporary Au-**

thors: a bio-bibliographical guide to current writers in fiction, general nonfiction, poetry, journalism, drama, motion pictures, television and other fields. Insgesamt ist biographisches Material zu 116 000 modernen Prosaautoren, Lyrikern, Dramatikern, Sachbuchautoren, Journalisten und Drehbuchautoren enthalten. Ein weiterer Schwerpunkt sind die in Schulen und an Universitäten meistbehandelten Autoren des frühen 20. Jahrhunderts.

3. Contemporary Literary Criticism Select ist ebenfalls die Onlineversion eines gedruckten Nachschlagewerks, des **Contemporary Literary Criticism**, das seit 1973 erscheint. Dessen Inhalt ab Band 95 ist in der Onlineversion enthalten – davor müssten Sie noch die gedruckte Ausgabe daraufhin konsultieren, ob der von Ihnen gesuchte zeitgenössische Autor unter den 600 „novelists, poets, short story writers, playwrights and other creative writers" weilt. Wenn er bekannter ist, haben Sie eine Chance, dass er unter den 266 meistuntersuchten Autoren ist, die aus den Bänden der Druckausgabe vor Band 95 zusätzlich in die Datenbank übernommen wurden.

Schließlich bietet das Literature Resource Center noch Artikel im Volltext aus über 360 wissenschaftlichen Zeitschriften, Rezensionen, Volltexte tausender Gedichte und Kurzgeschichten, die in zeitgenössischen Zeitschriften abgedruckt wurden, Links zu Autorenwebsites, Fotos, Interviews, ein Sachwörterbuch der Literaturwissenschaft und ein einsprachiges englisches Wörterbuch.

2.1.4 Romanische Bibliographie

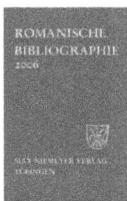

Die sicherlich wichtigste Bibliographie für alle Romanistik-Studierenden ist die **Romanische Bibliographie.** Dieses Literaturverzeichnis ist schon sehr alt: es erschien erstmals für die Literatur der Jahre 1875/76 im Jahre 1878 als Teil der *Zeitschrift für romanische Philologie.* Ab der Berichtszeit 1961/62 wurde daraus eine eigenständige (blau gebundene) Publikation mit meist 3 Bänden: einem Band Register und Abkürzungsverzeichnis, einem Band Sprachwissenschaft und einem Band Literaturwissenschaft.

Was zeichnet nun eine gedruckte Bibliographie aus? Eine Bibliographie ist ein Nachschlagewerk, das Literatur zu einem bestimmten Themenkreis, und zwar meistens Neuerscheinungen, relativ bald nach ihrem Erscheinen verzeichnet. Das Sammeln, Systematisieren, Setzen und Drucken dauert aber immer eine gewisse Zeit, so dass gedruckte Bibliographien oft mit einigen Jahren Verspätung auf den Markt kommen. Sie sollten daher immer darauf achten, aus welchen Jahren die Publikationen stammen, die in einem Band aufgeführt werden. Bibliotheken sprechen hier von der „Berichtszeit".

Wenn Bibliographien über Jahre und Jahrzehnte erscheinen, ist es nötig, dass Sie in jedem Band nachschauen, um einen möglichst umfassenden Überblick über die Literatur zu Ihrem Thema zu erlangen. Oft helfen Register oder eine sehr feinteilige Wissenschaftssystematik, die richtige Fundstelle innerhalb des Verzeichnisses zu ermitteln. Ein kleiner Trost: Wenn Sie erst einmal herausgefunden haben, unter welchem Aspekt Ihr Thema verzeichnet wird, geht das Nachschlagen in den Bänden der anderen Jahre viel schneller.

Um Platz und damit Druckkosten zu sparen, arbeiten gedruckte Bibliographien meist mit einem (mehr oder weniger komplizierten) System von Abkürzungen. Zum Beispiel werden die Namen der Zeitschriften, in denen die Aufsätze erschienen sind, mit Siglen verschlüsselt. Die Auflösung dieser geheimnisvollen Zeichen wird meist am Anfang der Bibliographie verraten und kann z. B. „Verzeichnis der exzerpierten Zeitschriften" betitelt sein. Genauso verhält es sich mit Kongressberichten oder Festschriften. Das macht es nötig, dass man an zwei Stellen nachschlägt, um eine Literaturangabe vollständig entschlüsseln zu können. Denn Sie benötigen den genauen Titel der Zeitschrift oder des Kongresses, um ihn im OPAC Ihrer Bibliothek recherchieren zu können.

Die Romanische Bibliographie verzeichnet sprach- und literaturwissenschaftliche Publikationen aller größeren romanischen Sprachen und ihrer Vorläufer: Latein, Gemeinromanisch, Rumänisch, Italienisch, Rätoromanisch, Französisch, Okzitanisch, Katalanisch, Spanisch, Portugiesisch (inkl. Galicisch und Brasilianisch).

Allerdings gibt es eine wichtige Ausnahme: 1960 kam ein Konkurrenzprodukt auf den Markt, das sich sehr viel ausführlicher, als es der Romanischen Bibliographie möglich war, mit der französischen Literaturwissenschaft beschäftigt: der *Klapp* (Sie werden ihn in Kürze kennenlernen). Zunächst zurück zur Romanischen Bibliographie: Nach einigen Jahren entschlossen sich die Herausgeber der RB, auf die französische Literaturwissenschaft zu verzichten. Schließlich hatte die RB für die französische Literaturwissenschaft „lediglich" ca. 6500 Einträge im Berichtsjahr 1969/70 ermittelt, der *Klapp* allerdings für die beiden Bände 1969 und 1970 zusammengenommen über 15 000 Einträge, also fast das Dreifache, chapeau! Also: Französische *Literaturwissenschaft* ist ab dem Berichtsjahr 1971/72 (= Bd. 87/88) nicht mehr in der Romanischen Bibliographie enthalten. Doch Obacht: Die französische *Sprachwissenschaft* ist sehr wohl nach wie vor bis heute in der RB zu finden.

In einigen Bibliotheken werden Sie von der Romanischen Bibliographie vielleicht noch eine ältere CD-ROM-Ausgabe finden, die aber
nur sehr wenige Jahrgänge umfasst und ausgesprochen umständlich
zu benutzen ist. Außerdem hatte sie einen Kardinalfehler und gab bei
der einfachen Suche (F2) immer nur 50 Treffer aus, auch wenn tatsächlich sehr viel mehr Titel anzuzeigen gewesen wären. Benutzen Sie also
möglichst die erweiterte Suche (F3).

Für die Berichtsjahre 2005 bis 2008 kann man sich die Romanische Bibliographie als PDF kapitelweise auf dem Bildschirm anzeigen lassen. Den Link hierzu finden Sie im Katalog Ihrer Bibliothek.

Inzwischen liegt auch eine Online-Ausgabe der Romanischen Bibliographie ab Erscheinungsjahr 1965 vor, die *Romanische Bibliographie Online Datenbank*. Da sie noch recht neu auf dem Markt ist und
noch nicht in sehr vielen Bibliotheken vorhanden, beschreibe ich zunächst die Druckfassung.

Aber auch um sich einen Überblick zu verschaffen, sollten Sie sich
zu Beginn die Anordnung der Literatur in der Romanischen Bibliographie ansehen. Wenn Sie in den gedruckten Bänden die Systematik auf-
schlagen, werden Sie überrascht sein, wie feinteilig dort das gesamte
Spektrum der romanistischen Forschung aufgeführt wird.

Nehmen wir als Beispiel die Systematik für Spanische Sprachwissenschaft, wie sie dem Band 1961 zu entnehmen ist:

1. Bibliographisches
2. Sprachgeschichte und Charakteristik
    2.1 Einführungen, Methodisches
    2.2 Sprachgeschichte
    2.3 Charakteristik
    2.4 Spanisch im Ausland
3. Grammatik
    3.1 Allgemeines
        3.1.1 Methodisches
        3.1.2 Gesamtdarstellungen
    3.2 Lautlehre, Orthographie
        3.2.1 Lautlehre
        3.2.2 Orthographie
    3.3 Formen und Wortbildungslehre
    3.4 Syntax
        3.4.1 Allgemeines
        3.4.2 Nomen, Pronomen, Artikel
        3.4.3 Adverb, Konjunktion, Präposition
        3.4.4 Verbum, Tempora
        3.4.5 Modi
        3.4.6 Wortstellung

Wenn Sie also z. B. ein Referat über die Syntax spanischer Verben halten wollen, müssen Sie zunächst kaum mehr tun als herauszufinden, unter welchem Punkt diese Fragestellung in der Romanischen Bibliographie abgehandelt wird (nämlich unter der Nummer 3.4.4). Sodann nehmen Sie Jahrgang für Jahrgang jeweils die Sprachwissenschaftsbände aus dem Regal. Am Anfang ist das jeder zweite Band (jedes Jahr erschien ein Band Sprachwissenschaft und ein Band Literaturwissenschaft), später ist es jeder dritte Band (da hatte man die Register und die ausgewerteten Quellen in einen separaten Band gepackt). Sie haben dann in relativ kurzer Zeit eine so gute Literaturzusammenstellung ermittelt, dass Ihr Dozent den Hut ziehen wird. In manchen Bänden werden Sie auch gar keinen Eintrag unter der Nummer 3.4.4 finden, aber es erscheint ja auch nicht unentwegt ein Artikel oder gar ein ganzes Buch zu diesem Thema. Dafür ist in anderen Jahren offenbar gerade eine Syntaxmode ausgebrochen – das kann dann daran liegen, dass ein großer Kongress zu diesem Thema stattgefunden hat. Wundern Sie sich nicht, wenn Sie bei den Literaturangaben auf viele Abkürzungen stoßen, z. B.

> Devís Márquez, P. Pablo: Complementos verbales de medida no preposicionales en español. In: Rev. Esp. Ling. 38, 1 (2008) 95–126.

Sie können dann im ersten Band der RB unter „Zeitschriftenabkürzungen" entschlüsseln, dass *Rev. Esp. Ling.* mit vollem Namen *Revista Española de Lingüística* heißt und in Madrid erscheint (sie selbst kürzt sich übrigens RSEL ab – d. h. diese Abkürzungen können durchaus abweichen).

Ein anderes Beispiel für eine Abkürzung, auf die Sie in der RB stoßen können:

> Bustos Plaza, Alberto: Relaciones de dependencia sintáctica y semántica en colocaciones de verbo y sustantivo. In: Kg. Kraków 2005, Hispanistik (2007) 189–196.

„Kg." bedeutet immer Kongress, anschließend werden der Ort und das Jahr und ein (deutsches) Stichwort in der Abkürzung angegeben. Wenn Sie jetzt etwa „Kg. Kraków Hispanistik" in den OPAC Ihrer Bibliothek eingeben würden, würden Sie nicht das finden, was Sie suchen. Sie müssen vielmehr zunächst ermitteln, wie der Titel des Kongressberichtes genau heißt – erst dann kommen Sie weiter. Die vollständige Bezeichnung des Buches, in dem die Kongressbeiträge abgedruckt wurden, erhalten Sie immer im ersten Band gleich hinter dem „Verzeichnis der exzerpierten Zeitschriften", nämlich in dem Teil „Kongressberichte". Unter der Abkürzung „Kg. Kraków 2005, Hispanistik" wird ausführlich aufgeführt:

> Cercós Garcia, Luis Francisco (Hrsg.); Molina Rivero, Carmelo Juan (Hrsg.); Ceballos-Escalera y Gila, Alfonso de (Hrsg.): Retos del hispanismo en la Europa Central y del Este. Actas del congreso internacional, Cracovia 14–15 de octubre de 2005, Madrid: Palafox & Pezuela (2007). 961 S.

Sie benötigen also diese genaue Kongressberichtsangabe, um diesen Titel wiederum im OPAC Ihrer Bibliothek zu recherchieren. Sie sehen:

es kommt weder der Ortsname Kraków (Krakau) noch das Wort Hispanistik in dieser Form vor. Am besten geben Sie schlicht den Titel (Retos del hispanismo ...) und (wenn überhaupt) nur den ersten Herausgebernamen Cercós Garcia ein, da in Bibliothekskatalogen meist nicht alle Mitherausgeber verzeichnet werden. – Übrigens: der Aufsatz von Herrn Bustos Plaza handelt ja nicht nur von Syntax, sondern auch von Semantik. Somit wird er in der Romanischen Bibliographie zweimal aufgeführt, einmal bei Syntax und einmal bei Semantik.

Weitere Abkürzungen sind „Sb." für Sammelband und „Fs." für Festschrift. Die genauen Titel finden Sie wieder im ersten Band gleich hinter den Kongressberichten aufgeschlüsselt.

Kommen wir zurück zu der Technik, wie man spanische Syntax sucht: in den Bänden ab 1961 unter der Systematikstelle 3.4.4. Wie es mit Langzeitunternehmen wie der Romanischen Bibliographie manchmal so ist: irgendwann fand man die alte Systematik nicht mehr zeitgemäß, galten vielleicht die Personen- und Völkernamen und Ausdrücke wie „Negersprachen" nicht mehr als politisch korrekt, hatte die Fachwissenschaft neue Begriffe wie „Languages in contact" geprägt – und da hat man sich eine andere Systematik zugelegt. Zweifeln Sie also nicht an sich, wenn Sie nach einigen (in diesem Fall sogar wenigen) Jahren die liebgewonnene 3.4.4 für die Syntax nicht mehr finden, sondern die Anordnung auf einmal so aussieht:

8 Spanisch
82 Grammatik
8255 Verb

8 ist dabei immer die Kennzahl für Spanisch, ansonsten gilt für alle Sprachen ein einheitlicher „Schlüssel", z. B. steht 200 immer für Grammatik, und bei 250 finden Sie immer die Morphosyntax. Diese Schlüssel können Sie vorne im ersten Band nachlesen, müssen Sie aber nicht unbedingt im Detail verstehen. Das Blättern im Buch geht fast schneller und ist ziemlich übersichtlich. Zur Not helfen auch noch die verschiedenen Register, so ein Sachregister, ein Autoren-Register (*von* diesen Menschen wurden die wissenschaftlichen Aufsätze und Bücher geschrieben) und ein Namen-Register (*über* diese Menschen wurde geschrieben). Die RB ist sehr übersichtlich strukturiert und mit ein klein bisschen Übung bei den Abkürzungen sehr gut zu benutzen. Ohne die Romanische Bibliographie kommen Sie nicht aus! Freunden Sie sich mit ihr an, ruhig auch mit der Druckausgabe, denn es ist clever, die Druckausgabe verstanden zu haben, um sich in der elektronischen Ausgabe auszukennen!

Kommen wir nun zur **Romanische(n) Bibliographie Online Datenbank,** die derzeit die Daten der Berichtsjahre 1965 bis 2008 enthält. Sie beginnt also nicht exakt mit den Daten der „eigenständigen" Druckfassung ab 1961, sondern wenige Jahre später. Der Grund: 1965 wurde das heute noch gültige Erfassungsschema für die Daten eingeführt – und je homogener die Daten, desto besser gelingt die Recherche über einen längeren Zeitraum. Eine weitere rückwärtige Einspielung der Daten ab 1875 ist nicht geplant, u. a. deshalb, da diese Jahrgänge zum großen Teil in Gallica und in der digitalen Ausgabe der *Zeitschrift für romanische Philologie* enthalten sind.

Sie finden in der Romanischen Bibliographie Online Literaturhinweise zur Sprach- und Literaturwissenschaft der romanischen Sprachen, nicht aber die Aufsätze oder Bücher im Volltext. Alle in den Druckbänden der Jahre 1965 bis derzeit 2008 verzeichneten bibliographischen Daten, insgesamt 410 000 Einträge, sind hier zusammengeflossen. Jedes Jahr kommen 10 000 neue Eintragungen hinzu; derzeit wird die Einspielung des Berichtsjahres 2009 vorbereitet.

Wie in der Druckausgabe ist die Verzeichnung der französischen Literaturwissenschaft nur bis zum Berichtsjahr 1970 erfolgt. Literaturhinweise zur französischen Literatur sind also in der Datenbank nur für die Jahre 1965 bis 1970 enthalten; französische Sprachwissenschaft wird aber nach wie vor eingearbeitet. Derzeit werden ca. 180 Zeitschriften ausgewertet, deren Titel man dem Menüpunkt „Weitere Inhalte" entnehmen kann.

Gegenwärtig befindet sich die Datenbank noch in einer vorläufigen Fassung. Sie wird im Frühjahr 2012 auf ein anderes System umgestellt und noch erheblich verbessert werden. Ich beschreibe sie nun also nach dem Stand Februar 2012.

Die Datenbank bietet Ihnen zwei Zugänge in der linken Leiste: einen, bei dem Sie selbst Suchworte eingeben können und einen, bei dem Sie sich durch die Systematik blättern können.

Der erste Zugang ermöglicht es Ihnen, über eine **Suchmaske** („In Publikation suchen") maximal drei Suchbegriffe aus folgenden Kategorien miteinander zu verknüpfen:

- Name (alle Namen, wie Verfasser von Aufsätzen und Monographien, Herausgeber, Bearbeiter oder Rezensenten; es werden auch die Schlagworte zu Schriftstellern abgesucht)
- Publikationsjahr
- Publikationstyp (Monographie, Zeitschrift, Sammelband, Festschrift, Kongressband, Bericht)
- Reihe (Buchreihe, Zeitschriften, Jahrbücher)

- Schlagwort (deutsche, französisch- und englischsprachige Schlagworte)
- Titel
- Verlag
- Volltext (durchsucht alle o.g. Kategorien der Literaturhinweise, aber nicht den Volltext von Zeitschriftenaufsätzen oder Büchern)
- Behandelte Sprache

Sobald Sie beginnen, ein Wort einzutippen, öffnet sich darunter ein Auswahlfenster mit Vorschlägen zu Begriffen, die in der Datenbank vorhanden sind.

Das „Wordwheel" in der Romanischen Bibliographie macht Ihnen Vorschläge zur   **Tipp**
Schreibweise Ihrer Suchbegriffe, während Sie sie eintippen: („find-as-you-type"-
Funktion).

Ist der gesuchte Begriff darunter, können Sie ihn anklicken und dadurch gleich in die Suchmaske übertragen lassen. Sollte Ihr Suchbegriff nicht darunter sein, können Sie mit einem Klick auf „Weitere Auswahlmöglichkeiten" die Liste der Begriffe ausweiten. Über „Vorherige Auswahl" kommen Sie einen Schritt zurück. Sollten Sie einen Begriff aus der Auswahlliste übernehmen, wird dieser als „Phrasensuche" in die Suchmaske übernommen, d.h. in Anführungszeichen gesetzt. Hierdurch werden feste Wortkombinationen gesucht: die beiden Suchbegriffe müssen nebeneinander auftauchen. Theoretisch können Sie diese Anführungszeichen auch wieder entfernen, wenn Sie auch eine andere Reihenfolge zulassen wollen. Allerdings sollten Personennamen am besten in Anführungszeichen gesetzt werden. Die sonst übliche Schreibweise *Nachname Komma Vorname* (ohne Anführungszeichen) führt in dieser Datenbank nicht zum gewünschten Erfolg, da die mit Komma abgetrennten Begriffe als getrennte Suchworte angesehen werden, die mit dem eingestellten ODER oder UND-Operator verknüpft werden. Gibt man z.B. in der Kategorie „Name" den sizilianischen Autor *Sciascia, L** ein und will vorsichtshalber den Vornamen trunkieren (das Sternchen ist der „Joker") und steht gleichzeitig der Operator auf ODER, dann wirft die Datenbank alle Eintragungen aus, in denen entweder der Suchbegriff Sciascia oder ein Wort, das mit L beginnt, enthalten sind.

Andererseits zeigt die „find-as-you-type"-Auswahlliste an, dass in der Romanischen Bibliographie Online sehr wohl Eintragungen enthalten sind, die lediglich den abgekürzten Vornamen aufweisen, z.B.

Sciascia, L. (Hrsg.). Es empfiehlt sich daher, alle in der Auswahlliste angegebenen Begriffe nacheinander oder immer drei mit ODER kombiniert ,abzuarbeiten', um wirklich alle Eintragungen abzugreifen.

Die beste Möglichkeit, die Literatur vollständig zu recherchieren, ist indes die Eingabe des Suchwortes in die Kategorie „Volltext" (auch Suchschlitz oben rechts "Search Publication").

Gibt man z. B. *Sciascia** in der Kategorie „Volltext" ein, summieren sich die Treffer auf über 1500, da dann auch Treffer angezeigt werden, in denen der Verlag Sciascia aus Caltanissetta eine Rolle spielt. Diesen kann man ausklammern, wenn man den NOT-Operator verwendet, der allerdings nicht zum Anhaken vorgesehen ist, sondern nur mit Minuszeichen (und gleichzeitigem ODER-Operator) funktioniert:

Volltext: Sciascia*

ODER

Verlag: −Sciascia

Trunkierung in der Romanischen Bibliographie Online:
* ersetzt eine beliebige Anzahl Zeichen
(z. B. findet Sciascia* auch Sciascia's, Sciascias, sciasciane)
? ersetzt genau ein Zeichen

Die Treffermenge ist nun immer noch sehr groß, was daran liegt, dass bei der Verzeichnung von Aufsätzen aus Sammelbänden stets nicht nur dieser eine Sciascia-Aufsatz, sondern zur Information auch noch alle anderen Aufsätze des Bandes in einer Fußnote aufgeführt werden. Diese Fußnoten-Angaben werden ebenfalls bei der „Volltext"-Suche immer mit abgesucht. – Gibt es nun einen einzigen Aufsatz zu Sciascia in einem Kongressband, z. B.

> Gatto, Simone: L'ordine delle coincidenze. Le suggestioni del fantastico in Leonardo Sciascia, in: „Italia magica". Letteratura fantastica e surreale dell'Ottocento e del Novecento. Atti del convegno, Cagliari-Pula 7–10 giugno 2006, S. 871–880,

dann werden bei der Volltext-Suche nach *Sciascia* sämtliche anderen 73 Aufsätze aus dem Kongressband auch als angebliche Sciascia-Treffer ausgeworfen. In Wirklichkeit steht der Sciascia-Aufsatz aber bei diesen Treffern immer nur in der Fußnote als Zusatzinformation. Sie können für diesen Fall zunächst den einzigen brauchbaren Sciascia-Treffer abspeichern und anschließend ein charakteristisches Schlagwort (z. B. Cagliari-Pula) wiederum mit dem NOT-Operator ausklammern, um die irrelevanten Treffer herauszufiltern.

Insbesondere bei den in der Systematik sehr fein gegliederten sprachwissenschaftlichen Themen kann es wesentlich komfortabler sein, über den **zweiten Suchzugang, das „Browsing" (Durchstöbern der Systematik),** einzusteigen. Die Browsing-Funktion ist unterteilt in einen Allgemeinen Teil, Literaturwissenschaft und Sprachwissenschaft. Die dahinterliegenden Systematiken lassen sich nun schrittweise aufklappen.

Literatur zur spanischen Syntax finden Sie über den Pfad: Sprachwissenschaft → Spanisch → Grammatik → Syntax mit weiteren Unterkategorien (Bibliographie – Gesamtdarstellungen – Methodenfragen – Modalisierung – Modus – Tempus – Vermischte Beiträge) zur Auswahl.

Die Antwortzeiten können z. T. recht lang sein, wenn man den Suchbegriff in der Systematik direkt anklickt, da dann sämtliche darunter fallenden Treffer ermittelt und aufgelistet werden. Sie können dies verkürzen, wenn Sie nur den kleinen Pfeil *vor* dem Suchbegriff aufklappen und zunächst die Unterkategorie auswählen und diese kleinere Menge dann aufrufen. Solange der Pfeil dunkelgrau ist, gibt es weitere Unterkategorien, sobald er hellgrau ist, sind Sie am Ende der Systematik angelangt und sollten auf den Systematikbegriff neben dem Pfeil klicken, um die Treffermenge im mittleren Feld zu erhalten.

Die Treffermenge wird zunächst – wie üblich – in Kurzform dargestellt, wobei das [s] auf selbstständige Publikationen hinweist. Ein Klick auf den verlinkten Teil des Kurztitels führt zur Vollanzeige eines Treffers. In der Kategorie „Details" wird bei unselbstständigen Publikationen angegeben, aus welchem Werk der Aufsatz stammt, also z. B. aus einer Zeitschrift, einer Festschrift, einem Kongressbericht oder anderen Sammelband. Sollte zu einem Titel eine Rezension verzeichnet worden sein, ist diese erst dann vollständig ersichtlich, wenn man das Kreuzchen vor der Kategorie „Rezension" aufklappt. Die Literaturangaben zur Rezension, die nun innerhalb der Literaturangabe des rezensierten Werkes auftauchen, sind farblich etwas unterlegt, um sie optisch abzuheben.

Die Vollanzeige endet mit einem „Open URL"-Button. Sollte Ihre Bibliothek die Linking-Software SFX anbieten, gelangen Sie hierüber an Informationen, ob das Werk in Ihrer Bibliothek vorhanden ist. Das funktioniert am besten, wenn z. B. bei Zeitschriften die ISSN angegeben wurde, also nach eindeutigen Nummern gesucht werden kann. Bei der Übertragung von Text kann es zu Übermittlungsfehlern kommen (z. B. bei einem Apostroph). Schauen Sie also genau hin, wenn Sie scheinbar keine Treffer in Ihrem Bibliotheks-OPAC erhalten. Derzeit werden für die RB aber alle älteren Literaturangaben aus Zeitschriften mit ISSNs versehen, um diese Funktion weiter zu verbessern.

Die Exportfunktionen der RB beschränken sich im Moment im Wesentlichen auf das Ausdrucken, den E-Mail-Versand und ein PDF-Download der angehakten Treffer. Das PDF kann dann als E-Mail-Attachment verschickt werden. Auf der neuen Plattform, die ab Frühjahr 2012 angeboten wird, wird es auch eine Zwischenspeicherung der Treffer, eine Darstellung der Suchgeschichte und eine komfortablere Download-Möglichkeit für Literaturverwaltungsprogramme geben. Ebenso ist vorgesehen, dass man einen persönlichen Account anlegen und Alerts in Auftrag geben kann.

Die Romanische Bibliographie ist eine der nützlichsten und wichtigsten Rechercheinstrumente für die Romanistik, was man möglicherweise auch schon daran erkennen kann, dass sie in vielen medialen Formen vorliegt. Abschließend hier eine Übersicht, welche Berichtsjahre Sie wo recherchieren können:

- Gedruckte Ausgabe (Berichtsjahre 1875–1960): Zeitschrift für romanische Philologie, Bibliographie, Tübingen: Niemeyer 1878–1964
- Digitalisierte Ausgabe der Zeitschrift für romanische Philologie (darin etwas versteckt: Bibliographie Berichtsjahre 1875–1960) (siehe EZB)
- Digitalisierte Ausgabe (Berichtsjahre 1875–1937) in Gallica (siehe http://gallica.bnf.fr/)
- Gedruckte Ausgabe (Berichtsjahre 1961–heute): Romanische Bibliographie, Tübingen: Niemeyer 1965–2009, danach Berlin [u. a.]: De Gruyter
- Digitalisierte Ausgabe (Berichtsjahre 1961–1990) in Gallica (siehe http://gallica.bnf.fr/)
- CD-ROM der Berichtsjahre 1997–2005 als kostenpflichtiges Pay-per-Use-Angebot (siehe DBIS)
- PDFs der Jahrgänge 2005–2008 (Nationallizenz) (siehe EZB)
- Online-Datenbank Berichtsjahre 1961–2008 (siehe DBIS)

2.1.5 Bibliographie der französischen Literaturwissenschaft (Klapp)

Was Sie als Französisch-Studierende(r) unbedingt kennen müssen, steht in jeder Unibibliothek im Regal, ist meist bordeauxrot und umfasst viele Bände. Die Rede ist von der **Bibliographie der französischen Literaturwissenschaft,** anfangs herausgegeben von dem Bibliothekar Otto Klapp aus Saarbrücken, daher auch kurz und knapp **Klapp** genannt.

Der *Klapp* gehört bei der Literaturrecherche zur Galloromanistik zum absoluten Handwerkszeug, ohne das Sie nicht seriös wissenschaftlich arbeiten können. Er erscheint jährlich seit 1960. Heute verzeichnet der Klapp jedes Jahr etwa 15 000 Einträge. Eine elektronische Ausgabe ist nach Auskunft der heutigen Herausgeberin Astrid Klapp-Lehrmann in Vorbereitung.

Der *Klapp* ist sehr übersichtlich aufgebaut. Zunächst verrät ein Verzeichnis, welche Zeitschriften ausgewertet werden, wobei solche, die sich ausschließlich mit französischer Literaturwissenschaft beschäftigen, offenbar so selbstverständlich sind, dass sie – obwohl exzerpiert – hier gar nicht aufgeführt werden.

Nach einem Verzeichnis der Siglen (u. a. für Zeitschriften) und Abkürzungen beginnen dann die Monographien und Aufsätze zur französischen Literaturwissenschaft in chronologischer Reihenfolge, wobei alles in französischer Terminologie gehalten ist:

1. Généralités
2. Moyen-Age
3. Seizième Siècle
4. Dix-Septième Siècle
5. Dix-Huitième Siècle
6. Dix-Neuvième Siècle
7. Vingtième Siècle
8. La Littérature d'aujourd'hui
9. La Littérature française hors de France

Der erste Punkt ist sehr vielfältig, werden doch hier u. a. verzeichnet: Festschriften, Sammelbände, Kulturgeschichte Frankreichs, Fachdidaktik, Fachgeschichte (u. a. Literatur von und über bedeutende Romanistinnen und Romanisten), ferner Literatur über Zeitschriften und Presseorgane, den Schriftsteller und das Schreiben sowie Literatur zum Buch-/Bibliotheks- und Verlagswesen, zu einzelnen Genres (Lyrik, Roman etc.), zum Kino/Fernsehen/Medien und zur Literatursoziologie. Schließlich werden auch noch die Neuerscheinungen zu folgenden Themen hier angeführt: literarische Motive, besondere Literaturkategorien (Regionalliteratur, Trivialliteratur, Comics, Chansons), Stilistik und Rhetorik, Übersetzung, Komparatistik sowie Rezeptionsgeschichte. – Ausgeschlossen sind im Klapp provenzalische, neuprovenzalische sowie rein linguistische Titel.

Die Kapitel zu den einzelnen Epochen folgen keiner starren Feingliederung, gehen aber generell vom Allgemeinen zum Speziellen, d. h. beginnen mit Nachschlagewerken, wandern über die übergreifenden Studien und einzelne Themen und Motive bis hin zu Schriftstellern, die jeweils am Schluss der Kapitel stehen. So kann man sich blätternderweise z. B. zu einem Schriftsteller vorhangeln, wenn man herausgefunden hat, welchem Jahrhundert er angehört. Ist man sich nicht sicher, hilft ein Blick in die lateinisch als *Index nominum* (enthält die Verfasser der Aufsätze oder sonstigen wissenschaftlichen Abhandlungen) und *Index rerum* (enthält die Sachthemen und behandelten Schriftsteller) bezeichneten Register. Bei großen Autoren wie Voltaire bietet der *Index rerum* zusätzliche Stichworte (z. B. Voltaire – Rousseau). Um Ihnen einen Eindruck von der Fülle der Literatur zu geben, die in nur einem Band allein zu Voltaire nachgewiesen wird: es sind ca. 12 engbedruckte Seiten im Band 2009 bei der „Hauptstelle" Voltaire oder anders ausgedrückt: von Nr. 6379 bis Nr. 6580 (die Nummern stehen etwas versteckt immer in der letzten Zeile am rechten Rand jeder Literaturangabe), also etwa 200 Literaturangaben in einem einzigen Jahr.

2.1.6 Bibliographie de la littérature française (XVIᵉ–XXᵉ siècles) (Rancœur)

Diese gedruckte Bibliographie erscheint seit 1953 und ist bekannt unter dem Namen ihres Begründers, René Rancœur. Der *Rancœur* – seit 1996 dank einer Kooperation mit der *Société d'Histoire Littéraire de la France* von der Französischen Nationalbibliothek (BnF) erstellt – verzeichnet Monographien und Aufsätze aus französischen und ausländischen Zeitschriften auf dem Gebiet der französischen Literatur. Einige Jahre enthielt er noch Titel zur mittelalterlichen Literatur, heute „beschränkt" er sich auf die Zeit vom 16. Jahrhundert bis zur Gegenwart.

Einige neuere Jahrgänge sind auch in Gallica enthalten (suchen Sie nach dem Titel **Revue d'Histoire Littéraire de la France** in der erweiterten Suche)

Die *Primärwerke* lebender zeitgenössischer Autoren werden nicht berücksichtigt. Sie sind im Katalog der Französischen Nationalbibliothek und in Electre, dem Verzeichnis in Frankreich erschienener und vertriebener Bücher, enthalten. Das mag jetzt etwas abschreckend klingen, so als ob man zur neueren Literatur nicht viel fände. Das Gegenteil ist aber der Fall, denn die *Sekundärliteratur* zu diesen Schriftstellern wird sehr wohl aufgenommen. Im Jahrgang 2009 habe ich ausgezählt:

288 Eintragungen im Kapitel *Généralités* (3%)

487 Eintragungen im Kapitel *XVIᵉ siècle* (5%)

627 Eintragungen im Kapitel *XVIIᵉ siècle* (7%)

864 Eintragungen im Kapitel *XVIIIᵉ siècle* (9%)

2121 Eintragungen im Kapitel *XIXᵉ siècle* (22%) und

5201 Eintragungen im Kapitel *XXᵉ siècle et littérature contemporaine* (54%)

und somit insgesamt 9588 Literaturhinweise, die laufend nummeriert sind (für 2009 von 09-1 bis 09-9588).

Innerhalb der Kapitel zu den einzelnen Jahrhunderten sind die Literaturhinweise nach Schriftstellernamen alphabetisch sortiert. So findet sich Literatur über Jonathan Littell einige Autoren hinter solcher über Claude Lévi-Strauss und kurz vor Aufsätzen über Amin Maalouf.

Emile Zola wird im Kapitel über das 19. Jahrhundert verzeichnet (es gilt also nicht das Sterbedatum 1902, sondern die Hauptschaffenszeit als Kriterium für die Einordnung in ein Jahrhundert), und da Zola ein verstorbener Autor ist, werden von ihm zunächst auch Primärwerke (d.h. aktuelle Ausgaben seiner Romane) aufgeführt, anschließend die Sekundärliteratur alphabetisch nach den Verfassern. Handelt es sich um eine Monographie, steht vor dem Namen des Hauptverfassers jeweils ein Sternchen. Auch Rezensionen sind mit aufgenommen, jeweils mit C.R. für *Compte Rendu* gekennzeichnet.

Bei Beiträgen in Sammelwerken steht das Sternchen vor dem Titel des Sammelwerks. Wenn aus einem Sammelband mehrere oder sämtliche Aufsätze einzeln verzeichnet sind, wird hinter dem Sternchen auf diejenige Nummer der Bibliographie verwiesen, in der die ausführliche Literaturangabe genannt wird, z.B.

09-3897 Wetzel Hermann H. – La poésie politique de Rimbaud. – [In]
* (09-3786), 53-66.

Unter der Nummer 09-3786 entschlüsselt man dann:

09-3786. * Rimbaud: des *Poésies* à la *Saison*/études réunies par
André Guyaux. Paris: Editions Classiques Garnier, 2009. – 338 p.
(Rencontres ; 4). – Index.

Der Aufsatz von Hermann H. Wetzel mit dem Titel *La poésie politique de Rimbaud* ist also publiziert auf den Seiten 53-66 des Sammelbandes *Rimbaud: des Poésies à la Saison*, der von André Guyaux herausgegeben wurde.

Um an den Aufsatz von Wetzel zu gelangen, müssen Sie sich im OPAC Ihrer Unibibliothek auf die Suche nach dem Titel oder dem Herausgeber des Sammelbandes begeben. Sie würden aller Wahrscheinlichkeit nach nichts finden, wenn Sie *Wetzel* und *poesie politique* eingäben, da in den meisten OPACs keine Aufsätze, sondern nur die Titel der Festschriften, Sammelbände und Kongressakten aufgeführt werden, in denen sie erschienen sind. Sie können sich merken: das, was hinter dem Sternchen steht, müssen Sie in den OPAC eingeben.

Dies ist der grundlegende Vorteil einer Bibliographie wie der *Bibliographie de la littérature française* gegenüber einem Bibliothekskatalog, denn in ihr finden Sie in mühevoller Kleinarbeit zusammengepuzzelt alle relevanten „unselbstständig erschienenen" Publikationen versammelt. In OPACs werden in der Regel ja nur die Titel der Bücher aufgeführt.

Wie kommen Jean-Paul und Simone in den OPAC?

Heute bieten Ihnen viele OPACs einen Link auf das Inhaltsverzeichnis von manchen neueren gedruckten Büchern (meist ein PDF). Diese Inhaltsverzeichnisse wurden eingescannt und mit einem Texterkennungsprogramm (OCR = Optical character recognition) in durchsuchbaren Volltext umgewandelt. In einer bestimmten OPAC-Kategorie können Sie nun Wort für Wort diese Inhaltsverzeichnisse durchsuchen und gelangen auf diese Weise auch zu Aufsätzen – und dies in einem Bibliothekskatalog, der normalerweise nur Monographien nachweist. Allerdings birgt die automatische Texterkennung Fehler. Außerdem ist man darauf angewiesen, dass sich der Wissenschaftler gefälligst einen aussagekräftigen Titel für seinen Aufsatz hat einfallen lassen. Wenn ein Aufsatz zum Beispiel betitelt ist **Jean-Paul et Simone – une amitié littéraire**, dann nutzt es Ihnen gar nichts, wenn Sie in der Kategorie „Inhaltsverzeichnisse" im OPAC Ihrer Unibibliothek **Sartre** oder **Beauvoir** eingeben. Sie werden diesen Aufsatz nicht finden, da in dessen Titel nur die beiden Vornamen genannt wurden. Erst der Bibliograph, der mit intellektueller Sichtung die Aufsätze erfasst, kann Ihnen den Hinweis geben, dass es sich hier um Literatur über die Freundschaft zwischen Jean-Paul Sartre und Simone de Beauvoir handelt. In einer guten Bibliographie findet sich die Literaturangabe übrigens sowohl unter Sartre als auch unter Beauvoir.

Über die Tücken von Namenregistern

Apropos: Simone de Beauvoir taucht im Namenregister z. B. einer gedruckten Bibliographie unter **Beauvoir Simone de** auf. Bei modernen französischen Namen wird dieser Namensbestandteil also hintangestellt, bei italienischen allerdings grundsätzlich vor den Namen gesetzt: **D'Annunzio Gabriele**.

Geben Sie nicht so schnell auf, wenn Sie einen Namen im Register oder in einer alphabetischen Anordnung nicht finden. Es ist nämlich ein wenig komplizierter: wo würden Sie Jean de la Fontaine suchen? Unter F? Unter D? Nein, beides falsch: unter L werden sie ihn finden (La Fontaine Jean de), so will es die bibliothekarische Regel bei französischen Namen. Bei dem (gleichwohl französischen) Schriftsteller **Maxence Van der Meersch** werden Sie unter V suchen müssen, da der Name aus dem Flämischen stammt. Im Mittelalter sieht es wieder anders aus: damals gab es noch keine Familiennamen, sondern nur Beinamen. **Dante Alighieri** findet sich (meist) also nicht unter A, sondern unter D. Bei latinisierten Namen wird das ganze Spiel noch verwirrender. Sehen Sie im Zweifelsfall an mehreren Stellen nach. In manchen Bibliographien und in gut gemachten Datenbanken sind solche Namensvarianten miteinander verknüpft, so dass es egal ist, wo Sie einsteigen. Rechnen Sie aber nicht damit, dass dies überall der Fall ist. Gerade in amerikanischen Datenbanken werden gerne Vornamen abgekürzt, manchmal die deutschen Umlaute aufgelöst (Müller wird zu Muller oder je nach Bearbeiter sogar zu Mueller), manches „ß" ist schon zu einem großen „B" geworden usw. Seien Sie also kreativ und bedenken Sie mehrere Varianten.

2.1.7 French 17

Es existieren zudem Spezialbibliographien zu einzelnen Jahrhunderten (einige ältere habe ich im Literaturverzeichnis notiert). Sollten Sie Geschmack am 17. Jahrhundert finden, greifen Sie am besten zunächst zu: *French 17. An Annual Descriptive Bibliography of French Seventeenth-Century Studies.* Was der lange Untertitel verrät: hier bekommen Sie nicht nur trockene Kost in Form ‚soßenarmer' Literaturangaben zu einem erweiterten Themenfeld vom *Artistic, Political and Social Background, Linguistics and History of the Book* über *Philosophy, Science and Religion* bis hin zur *Literary History and Critisicm,* nein, diese Bibliographie der *Seventeenth-Century French Division of the Modern Language Association* bietet einen deskriptiven Mehrwert: zu jedem Literaturhinweis wird kurz beschrieben, um was es genau geht und was man erwarten kann. Auch Rezensionen werden angegeben; mitunter werden ihre Kernaussagen zitiert, Abstracts wieder- oder eigene Bewertungen abgegeben.

2.1.8 French XX bibliography

Eine Spezialbibliographie für die französische Literatur des ausgehenden 19. und gesamten 20. Jahrhunderts bis zur Gegenwart stellt die *French XX bibliography* dar. Sie erschien erstmals 1949 und verzeichnete in ihrem ersten Band rückwirkend Publikationen seit 1940, in späteren Jahren noch weiter Zurückliegendes. Anfangs firmierte sie unter dem Titel *Bibliography of critical and biographical references for the study of contemporary french literature,* dann einige Jahre verwirrenderweise unter dem Titel *French VII bibliography* (nach der Sektion 7 der *Modern Language Association of America,* unter deren Auspizien sie erschien). Seit Band 21 bezeichnet der Titel endlich exakt den Inhalt: *French XX bibliography: Critical and Biographical Reference for French Literature since 1885.*

Von den gut 300 Seiten jedes Jahrgangs bestehen etwa die ersten 50 Seiten aus Literaturhinweisen zu allgemeinen Fragestellungen der französischen Literaturwissenschaft (z. B. zur frankophonen Literatur, zur Literaturgeschichte Frankreichs, zu den Genres Memoiren und Autobiographie, Roman und Kurzgeschichte, Lyrik und Theater). Den Großteil der Bibliographie (ca. 250 Seiten) macht die alphabetisch nach Schriftstellern geordnete Literatur von diesen und über diese Autoren aus. Im Band 61 von 2010 sind dies knapp über 1000 Literaten, wobei auch französischsprachige Autoren außerhalb Frankreichs, Philosophen und sogar Comicautoren berücksichtigt werden.

Die Palette reicht von Jorge Semprún, Léopold Sédar Senghor und Michel Tremblay weiter über Deleuze, Derrida, Levinas und Foucault bis hin zu Goscinny. Der abgedeckte Zeitraum ist länger, als man vielleicht zunächst denkt. Nicht nur die Zeitgenossen wie Marie Ndiaye und Michel Houellebecq sind vertreten, auch mit Literatur über Edmond de Rostand und Jules Verne bis hin zu Zola werden wir reichlich bedient. – Insgesamt werden Ihnen in diesem Jahrgang mehr als 8000 Literaturangaben offeriert. Ganz am Schluss gibt es noch einen kleinen Abschnitt zum Kino.

Sie ahnen es, auch hier lautet meine Bewertung: „gefällt mir". Lassen Sie sich nicht irritieren von der etwas originellen Nummerierung der Literaturhinweise: Seit dem ersten Jahrgang werden die einzelnen Einträge ebenso wie die Seitenzahlen der Bibliographie fortlaufend durchgezählt. Wohl um die Nummerierung der Literaturangaben nicht zu schwer lesbar zu machen, fing man nach etwa 100 000 wieder von vorne an, diesmal als „A1", dann heftweise über „B1" bis zu „Z1", anschließend ging es weiter mit „AA1" weiter und inzwischen ist man mit dem Band 61 (2010) bei Literaturangabe Nr. GG8377 und der Seite 20 674 angelangt. – Noch eine Auflösung von kryptischen Zeichen: Die Punkte vor einem Teil der Literaturangaben signalisieren, dass es sich um ein selbstständig erschienenes Werk handelt. Wo kein Punkt ist, können Sie mit einer „unselbstständigen" Publikation rechnen.

2.1.9 Bibliografia Generale della Lingua e della Letteratura Italiana (BiGLI)

Und wieder ist es ein richtiges gedrucktes Buch bzw. eine ganze Reihe von Büchern, eine regelmäßig erscheinende Bibliographie, die ich diesmal den Italianisten unter Ihnen als Top-Tipp ans ‚cuore' legen möchte. Eine elektronische Ausgabe ist zwar nun in Vorbereitung, aber noch ist es nicht soweit: Die Rede ist von der *Bibliografia generale della lingua e della letteratura italiana*, offiziell abgekürzt BiGLI (in Bibliothekskatalogen auch: BiGLLI).

Der Top-Tipp für Italianisten: BiGLI enthält in derzeit 17 großformatigen Bänden die zwischen 1991 und 2007 weltweit erschienene Literatur zur italienischen Sprach- und Literaturwissenschaft, insgesamt 1,3 Millionen Literaturhinweise.

BiGLI erschien erstmals 1994 und enthält Literaturangaben der seit dem Jahr 1991 in Italien und weltweit publizierten wissenschaftlichen

Arbeiten zur italienischen Sprach- und Literaturwissenschaft. Vereinzelt sind auch frühere Publikationen verzeichnet, wenn sie nämlich ab
1991 rezensiert wurden. Inhaltlich reicht das Spektrum vom Mittelalter
bis zur Gegenwart. Verzeichnet werden auch Autoren und sogar Sach-
schriftsteller, die in Italien ihre Wirkungsstätte besaßen, aber in der
lateinischen Sprache (wie teilweise Galileo Galilei und ja auch Dante Alighieri), in der griechischen oder in einer anderen Sprache ihre
Werke verfassten. Auch ausländische Schriftsteller, die ihre Werke auf
Italienisch abfassten, sind berücksichtigt.

Die BiGLI dürfte auch in Ihrer Bibliothek im Regal kaum zu übersehen sein: großformatige weiß-goldene Schwergewichte, ein oder
zwei Bände pro Jahr und zusätzlich ein Indexband. Etwa 3700 internationale wissenschaftliche Zeitschriften werden ausgewertet; pro Jahr
werden zwischen 20 000 und 30 000 Literaturangaben zusammenge-
tragen, die Bände werden immer dicker. Um Ihnen auch mit Zahlen
den Umfang zu verdeutlichen: Seit einigen Jahren umfassen die meist
zwei Bände eines Jahrgangs insgesamt über 2000, oft 2200 mit kleiner
Schrifttype bedruckte Seiten. Für die 17 bislang vorgelegten Bände bedeutet dies summa summarum über 27 000 Seiten oder – wie auf der
Website des herausgebenden *Centro Pio Rajna* zu lesen ist – umgerech-
net 132 000 „normale Buchseiten". Institutionen aus Italien (darunter
die beiden Nationalbibliotheken in Rom und Florenz), aus 22 europäischen und 13 außereuropäischen Ländern bis hin nach Südamerika,
Japan und China, Ägypten und Südafrika wirken redaktionell mit.
Insgesamt enthalten die bisher erschienenen Bände 1,3 Millionen Literaturhinweise. Häufig wird Zusätzliches geboten: der Erstabdruck, bei
einer Übersetzung der Originaltitel oder auch Rezensionen des Werks,
das Inhaltsverzeichnis oder sogar inhaltliche Zusammenfassungen –
eine wahre Fundgrube also.

Die Sortierung der Titel ist eigenwillig. Die Redaktion hat sich
nämlich für jedes Kapitel und jeden Autor eine Sigle ausgedacht, z. B.
TOAQ für Tommaso d'Aquino, ALDN für Alighieri Dante oder ECUM für
Eco Umberto (Sie merken: eine Kombination aus Nachname und Vorname, wobei es beim mittelalterlichen Thomas von Aquin noch keinen
Nachnamen gab, Alighieri hier aber sehr wohl als solcher angesehen
wird).

Vor diesen Chiffren stehen überdies Zahlen, also z. B. 3. PEFR,
8. FOUG, 9. PAPP. Die Zahl 3 steht für das Trecento (also das vierzehn-
te Jahrhundert), PEFR für Petrarca Francesco. Die Zahl 8 steht für das
Ottocento (also das neunzehnte Jahrhundert), FOUG für Foscolo Ugo.
Auf 9. PAPP kommen Sie sicher selber, vor allem, wenn Sie auch cine-
astisch interessiert sind.

Sie müssen sich nicht mit diesen Siglen beschäftigen, der Zugang kann auch über das Register erfolgen. Aber mit der Zeit werden Ihnen die Zahlen und Siglen sogar helfen, schnell zum richtigen Jahrhundert, Kapitel oder Autor zu blättern. Wenn ein Autor „zwischen zwei Jahrhunderten" hängt, richtet sich die Einordnung nach seiner Hauptschaffensphase bzw. dem literarischen Umfeld, das für ihn maßgeblich war.

Es kann also nicht schaden, wenn Sie sich die italienische Schreibweise für die Jahrhunderte vor Augen führen – und damit haben Sie gleich den Aufbau der Bibliographie intus, die sich wieder an der Chronologie orientiert.

Im Italienischen sind besondere Schreibweisen für die Jahrhunderte üblich, die die Hunderterzahlen in den Jahreszahlen bezeichnen. Duecento ist eigentlich eine Abkürzung für milleduecento.

> Duecento: 13. Jahrhundert
> Trecento: 14. Jahrhundert
> Quattrocento: 15. Jahrhundert
> Cinquecento: 16. Jahrhundert
> Seicento: 17. Jahrhundert
> Settecento: 18. Jahrhundert
> Ottocento: 19. Jahrhundert
> Novecento: 20. Jahrhundert
> (Das 21. Jahrhundert existiert in der Bibliographie noch nicht).

Die italienischen Bezeichnungen für die Jahrhunderte entsprechen der Kapiteleinteilung der Bibliographie, z. B. umfasst das Duecento das Kapitel 2. Ein wenig verwirrend ist, dass im Inhaltsverzeichnis eine lateinische Nummerierung verwendet wird und in den Kopfzeilen eine arabische:

> I. GENERALITÀ E LINGUISTICA → Kapitel 1. in der Kopfzeile der Bibliographie
> II. LE ORIGINI E IL DUECENTO → Kapitel 2.
> III. IL TRECENTO → Kapitel 3.
> IV. IL QUATTROCENTO → Kapitel 4.
> V. IL CINQUECENTO → Kapitel 5.
> usw.

Auch für die Unterkapitel werden Kürzel vergeben, so enthält das Kapitel CINQUECENTO u. a.:

> Editoria e stampa (EDST)
> Letteratura di memoria e epistolografia (LEME)
> Letteratura di viaggi (LEVG)
> Letteratura popolare (LEPP)
> Letteratura religiosa (LERL)
> Letteratura scientifica (LESC)

Dieses Beispiel kann auch veranschaulichen, wie weitgefächert das Spektrum der Bibliographie ist. Die Sachgruppen sind innerhalb des Jahrhundertkapitels mit den Autorennamen in *ein* Alphabet gebracht, d. h. hinter 5. LEVG = LETTERATURA DI VIAGGI kommt gleich 5. LEVN = Leonardo da Vinci. Hinzukommt, dass innerhalb der einzelnen Kapitel und Unterkapitel noch einmal Siglen für jeden einzelnen Eintrag vergeben werden. Nehmen wir ein Beispiel für Leonardo da Vinci aus dem Band 2007. Im Kapitel 5. LEVN = LEONARDO DA VINCI treffen Sie z. B. auf folgenden Eintrag:

CREM 005*LV CREMANTE Simona
LEONARDO DA VINCI. ARTISTA, SCIENZATO, INVENTORE
Firenze-Milano, Giunti 2005
[Rec. CALECA Antonino, in Nunc, XXVV 2007, pp. 143–44: not.]

CREM ist die Abkürzung für die Verfasserin der Biographie über Leonardo da Vinci (Simona Cremante), 005 ist das Kürzel für das Erscheinungsjahr (2005), das Sternchen bedeutet, dass es sich um eine Monographie (eine selbstständige Publikation) handelt, und LV ist die Abkürzung der am meisten Bedeutung tragenden Elemente des Titels der Monographie, in diesem Fall Leonardo da Vinci. – Hinter der Literaturangabe finden Sie übrigens noch einen Hinweis auf eine Rezension des Titels in der Zeitschrift Nuncius, Annali di storia della scienza (diese Zeitschriften-Auflösung für „Nunc" entschlüsseln Sie im *Indice dei periodici* im schmalen Index-Band).

An sich können Sie die ganze Abkürzerei für den Anfang weitgehend ignorieren – das ausgefeilte System dient vor allem dazu, die nach und nach in einer Datenbank erfassten Literaturangaben am Ende in einer sinnvollen Reihenfolge als Buch drucken zu können. Andererseits helfen die Kürzel den Herstellern, Platz und damit Druckkosten zu sparen. Daher werden sie auch in den verschiedenen Indices verwendet, und hier kann es Ihnen wiederum Zeit sparen, wenn Sie sich annäherungsweise vergegenwärtigen, wie sich die Kürzel erklären.

Manche Titelanzeigen in BiGLI sind freilich kryptischer Natur:

GARI 007 LS   GARIN Eugenio
LEONARDO SCRITTORE
In 9. QUGN APPR 007 CL, pp. 29–32.

Es handelt sich um einen Aufsatz, der in einem anderen Buch erschienen ist, das im 9. Kapitel der Bibliographie mit allen Angaben aufgeführt wird. Hier wird die Sigle für eine Literaturangabe also als interne Verweisung innerhalb der Bibliographie benutzt, um Platz zu sparen. Wenn wir unter 9. QUGN APPR 007 CL nachschauen, haben wir des Rätsels Lösung: 9. QUGN ist das Unterkapitel *Questioni generali e temi particolari* innerhalb des Kapitels zum Novecento, also zum 20. Jahrhundert. Unter APPR 007 CL wird der 2007 publizierte Nachdruck des ursprünglich 1952 erschienenen Werkes über die berühmte Kultursendung *L'approdo* von *Radio Rai* verzeichnet. Die vollständige Literaturangabe zu Leonardo ließe sich also folgendermaßen „übersetzen":

> Garin, Eugenio: Leonardo scrittore. In: L'Approdo. Hrsg. von Michela Baldini (Nachdruck der Ausgabe von 1952). Florenz: Firenze University Press 2007, S. 29–32.

2.1.10 Letteratura Italiana. Aggiornamento Bibliografico (LIAB)

Der kleine Bruder von BiGLI ist eine Bibliographie mit dem Namen *LIAB* (auch: L.I.A.B.), *Letteratura Italiana. Aggiornamento Bibliografico*, wiederum eine **gedruckte Bibliographie**, in der Zeitschriftenaufsätze, Monographien und Sammelwerksbeiträge zur italienischen Philologie und insbesondere zur Literaturwissenschaft angezeigt werden. Die schwarzen Bände mit blauer Schrift auf dem Umschlag erscheinen halbjährlich seit 1991: in jedem Halbjahresband werden recht zeitnah Zeitschriftenartikel, die von April bis September desselben Jahres bzw. von Oktober des Vorjahres bis März des laufenden Jahres publiziert wurden, verzeichnet.

Um Ihnen eine Vorstellung vom Inhalt zu geben, betrachten wir einmal einen Band aus dem Jahre 1995. Für den ersten Halbjahresband, der etwa 4500 Literaturangaben bietet, wurden etwa 180 Zeitschriften auf Artikel zur italienischen Literaturwissenschaft hin durchgesehen, davon ca. 150 aus Italien, je ein knappes Dutzend aus Deutschland, Frankreich und den USA und je eine aus den Niederlanden, Spanien und der Schweiz.

Aus Deutschland wurden etwa ausgewertet: *Arcadia. Zeitschrift für vergleichende Literaturwissenschaft, Deutsche Vierteljahrsschrift für Literaturwissenschaft und Geistesgeschichte, Germanisch-Romanische Monatsschrift, Romanische Forschungen, Romanistische Zeitschrift für Literaturgeschichte, Quellen und Forschungen aus Italienischen Archiven und Bibliotheken, Weimarer Beiträge, Zeitschrift für Romanische Philologie* sowie der *Zibaldone*. Dies sind alles wichtige und meist traditionsreiche Zeitschriften, aber keine genuinen Organe ausschließlich zur italienischen Literaturwissenschaft – und dies

gilt auch für die vielen aus Italien stammenden Periodika, deren Inhaltsverzeichnisse in LIAB einfließen: Es sind natürlich auch die „üb-
lichen Verdächtigen" oder Klassiker-Zeitschriften zur italienischen
Literatur vertreten (wie *Italianistica, Otto/Novecento, La Rassegna
della letteratura italiana*), oft sind darunter aber auch interdisziplinäre Organe, die in die Bereiche allgemeine Philologie, Philosophie,
Geschichte, Kultur, Politik, vergleichende Literaturwissenschaft, Pädagogik, Religion, Kultur des Altertums und des Mittelalters, Kunst
und Geistesgeschichte hineinreichen. Außerdem werden sogar Zeitschriften ausgewertet, die auf lokale Literatur, auf einzelne Autoren
oder Strömungen bezogen sind. Dies macht gerade den Vorteil von
LIAB aus: fleißige Helfer bei der Erstellung der Bibliographie stöbern
rechts und links des Mainstreams der Literaturwissenschaft, um
verstreute Artikel mit Relevanz für Philologen aus anderen geistes-
und sozialwissenschaftlich ausgerichteten Zeitschriften „herauszufischen".

Für Primärliteratur ist LIAB nicht die erste Quelle, da nur solche
Werke aufgenommen werden, die Rezensionen erfahren haben oder
die über einen umfangreichen kritischen Apparat verfügen. Rezensionen werden in recht großer Anzahl angegeben und sind immer an der
Einrückung im Schriftbild erkennbar.

Die systematische Anordnung beginnt mit *Generalità* (inklusive
sprachwissenschaftlicher Aspekte) und richtet sich dann wieder nach
den Jahrhunderten. Die einzelnen Abschnitte und auch die Literaturangaben selbst sind übersichtlich angelegt; Abkürzungen werden vermieden (mit Ausnahme der jeweils drei Buchstaben umfassenden Zeit-
schriftensiglen). Zudem verfügt LIAB über mehrere Register, die den
Einstieg erleichtern (z. B. Schlagworte: *parole-chiave*).

Die Bibliographie ist einfach zu benutzen und eignet sich daher
sehr gut für „Einsteiger" bei der Literaturrecherche. Gleichzeitig ist sie
ist nicht so umfangreich wie BIGLI.

LIAB enthält viele wichtige Zeitschriften, die auch andernorts ausgewertet werden,
zeichnet sich aber andererseits durch die Interdisziplinarität der ausgewerteten
Zeitschriften aus und bietet daher Literaturangaben, die nicht so einfach auf anderem Wege zu erlangen sind.

Mit den Jahren sank die Zahl der exzerpierten Zeitschriften leider um
ein ganzes Drittel. Im ersten Halbjahr 2006 (Band 29) waren es nur
noch 120 Zeitschriften, darunter nur noch folgende deutsche: *Deutsches Dante-Jahrbuch, Ginestra* (Organ der Deutschen Leopardi-Ge-
sellschaft) sowie *Italienisch*. Band 29 ist übrigens der letzte gedruckte

Band von LIAB, der erschienen ist. LIAB ist aufgegangen in der CD-ROM Letteratura Italiana. Repertorio Automatizzato (LIRA).

2.1.11 Letteratura Italiana. Repertorio Automatizzato (LIRA)

Die Datenbank LIRA umfasst Literaturhinweise zur italienischen Literaturwissenschaft seit 1985. Alle paar Jahre erscheint eine erweiterte CD-ROM, die jüngste stammt aus dem Jahr 2010 und enthält Literaturhinweise aus den Jahren 1985 bis 2005 (*LIRA 6*). Neben Monographien, Sammelbänden, Kongressakten und Primärliteratur (sofern sie über einen kritischen Apparat, Vor- oder Nachworte oder unveröffentlichte Texte verfügt) verzeichnet LIRA Aufsätze und Rezensionen aus in besten Zeiten 800–900 Zeitschriften und Zeitungen. Die Periodika stammen vor allem aus Italien (sehr viele Annali und Bollettini von Universitäten und wissenschaftlichen Gesellschaften sowie Akademieschriften), aber auch aus dem englisch- und französischsprachigen Raum. Einige wenige sind deutscher Herkunft. Großartig ist an LIRA (wie zuvor bereits in LIAB), dass nicht nur rein literaturwissenschaftliche Zeitschriften zu Rate gezogen werden, sondern Organe aus einer Vielzahl von Fachgebieten (v.a. Geschichte, Kultur, Philosophie, Buch- und Bibliothekswesen) auf relevante Aufsätze hin durchgesehen werden. Angesichts der für die italienischen Gegenwartsautoren wichtigen Tradition der *terza pagina* ist es sehr von Vorteil, dass auch etliche italienische Tageszeitungen (*Il Sole 24 ore, Corriere della sera, La Repubblica, Il Giornale, La Stampa* etc.) auf Artikel zur italienischen Literatur hin „abgeklopft" werden, außerdem die Wochenzeitschrift *L'Espresso*.

LIRA bietet in interdisziplinärer Hinsicht die bei weitem umfangreichste Erfassung der italienischen Literaturwissenschaft. Bemerkenswert sind außerdem die zahlreichen Schlagworte und Abstracts, die den Aufsätzen beigegeben wurden.

Die Oberfläche der CD-ROM stammt noch aus der Frühzeit, ist aber recht selbsterklärend zu bedienen: Nach dem „Ingresso" starten Sie Ihre Abfrage für eine „freie Suche" beim Fernglassymbol („Query"), lösen die Suche durch „Esegui" aus und lassen sich anschließend eine Kurztitelliste („Short Title") oder gleich die Vollanzeige der Treffer („Schede") anzeigen. Ausgehend von der Kurztitelliste können einzelne oder sämtliche Treffer (Klick in die Überschriftzeile der Tabelle) selektiert und nach einem Klick auf „Copia" gedruckt werden. Allerdings: bei Zeitschriftenaufsätzen ist nicht immer die Quelle in der Kurztitelliste ersichtlich; mitunter wird nur der „nackte" Aufsatztitel präsentiert. Auf der sicheren Seite sind Sie daher, wenn Sie die ausführlichen Angaben (samt Abstract und Schlagworten) über die Vollanzeige der Treffer ausdrucken. „Uscita" bringt Sie jeweils einen Schritt zurück. Trunkieren und E-Mail-Export der Treffer sind nicht vorgesehen.

Neben der freien Suche können Sie sich den Treffern auch über verschiedene Indices nähern. Beispielsweise können Sie sich über die Chronologie der Jahrhunderte zu den entsprechenden Autoren vorbewegen (im Klappmenü „Indice per" für die Gegenwartsautoren XXI – autori aufklappen).

Es folgen einige übergreifende Datenbanken.

2.1.12 Bibliography of Linguistic Literature Database (BLLDB)

Die Bibliographie linguistischer Literatur (BLLBD) ermöglicht Recherchen zur allgemeinen, zur anglistischen, romanistischen und germanistischen Sprachwissenschaft. Sie wird erstellt an der Universitätsbibliothek Frankfurt/Main und umfasst Literaturangaben seit 1971. BLLBD liegt in zwei Versionen vor: Die **kostenfreie Netzversion** endet 1995; sie bietet ca. 180 000 Nachweise. Um die aktuellen Titel recherchieren zu können, müssen Sie sich über den **lizenzierten Zugang** Ihrer Unibibliothek einloggen und können sich dann im mehr als doppelt so großen Datenbestand (knapp 400 000 Literaturnachweise) „austoben".

Voreingestellt ist die einfache Suche und hier wiederum das Feld „Freitext", das Ihre Recherchetermini in allen Feldern der bibliographischen Beschreibung (z. B. Titel, Autor, Kongressort, Erscheinungsort, Schlagwort) absucht. Dabei wird Ihr Suchwort automatisch rechts „abgeschnitten" (rechtstrunkiert). Im Hilfetext erfahren Sie dazu: „Mit der Suchanfrage *Verfasser/Hrsg./Mitarb.: aust* finden Sie unter anderem Werke von Hugo Aust, Anders Austefjord, Ralph A. Austen, John L. Austin sowie von Austin E. Quigley, jedoch *keine* Werke von Miriam Faust."

Wenn Sie sich für das Kreolische interessieren, das auf Guadeloupe gesprochen wird, könnten Sie in der Freitextsuche *Guadel* suchen. Unter den 55 Treffern finden Sie dann auch solche, in denen *Guadeloupéen* und *Guadeloupean* vorkommt. Einige Treffer haben mit dem Kreolischen wenig zu tun, sondern wurden nur ausgeworfen, da Guadeloupe als Kongressort in der Literaturangabe angegeben war. Wenn Sie diese (wenigen) unbrauchbaren Treffer ausschließen wollen, sollten Sie einmal die Suche über die Klassifikation ausprobieren. Ein bisschen Vor-

automatische Rechtstrunkierung

wissen ist dabei schon gefragt, etwa, dass die romanischen Sprachen zur indoeuropäischen Sprachfamilie gehören. Ihre „Flugroute" führt dann über *Indoeuropäische Sprachen → Romanisch → Französisch → Kreolisch (französisches) → Guadeloupéen* zu immerhin 39 Treffern.

Kommen wir zurück zu den unzutreffenden Ergebnissen des Kongressortes Guadeloupe: Nun heißt auch nicht jede dritte Insel Guadeloupe – die Freitextsuche ist also bei selteneren Suchbegriffen wunderbar, die Suche über die Klassifikation empfiehlt sich bei Allerweltswörtern und um sich einen Überblick zu verschaffen.

Tipp

In umfangreichen bibliographischen Datenbanken und gerade in Volltextdatenbanken werden Sie nicht glücklich, wenn Sie Namen von großen Dichtern wie Dante, Zola oder unspezifische Suchworte wie *littérature* eingeben, denn Sie erhalten tausende oder gar zehntausende von Treffern. Grenzen Sie Ihre Suche durch weitere, genauere Suchbegriffe ein oder arbeiten Sie sich „scheibchenweise" durch einzelne Jahrzehnte.

In BLLBD werden bei Zeitschriften, die vollständig oder zumindest teilweise in elektronischer Form existieren, automatisch die Ampelsymbole direkt aus der Elektronischen Zeitschriftenbibliothek (EZB) eingeblendet und weisen Ihnen den Weg zu den für Sie zugänglichen Zeitschriften.

Über ein „Open URL"-System klicken Sie sich von den ermittelten Literaturangaben direkt durch zu den Volltexten in der elektronischen Zeitschrift (sofern Ihre Bibliothek sie lizenziert hat). Sollte das nicht der Fall sei, leitet Sie „Visual Library Net" zum Karlsruher Virtuellen Katalog und sucht den Titel automatisch in anderen Bibliotheken. Weitere Links führen Sie zu Onlinebuchhändlern oder zu dem (kostenpflichtigen) Dokumentlieferdienst Subito.

2.1.13 Linguistics and Language Behavior Abstracts (LLBA)

Egal für welches sprachwissenschaftliche Thema Sie sich erwärmen, hier sind Sie richtig: LLBA bietet über 470 000 Literaturangaben zu allen linguistischen Fragestellungen. Unter anderem können Sie folgende Sujets recherchieren: Angewandte Linguistik, Anthropologische Linguistik, Deskriptive Linguistik, Diskursanalyse, Geschichte der Linguistik, Lernbehinderungen, Lexikologie/Lexikographie, Morphologie, Nonverbale Kommunikation, Phonetik, Phonologie, Poetik, Psycholinguistik, Semantik, Semiotik sowie Soziolinguistik, Sprache – pathologisch und normal, Sprachphilosophie und Syntax. In der

Datenbank finden Sie die bibliographischen Angaben zu Zeitschriften-artikeln (72%), Rezensionen (15%), Dissertationen (7%), Buchkapiteln (5%), Monographien und Kongresspapieren (je 1%) ab dem Erschei-nungsjahr 1973 bis zur Gegenwart. Insgesamt sind im Laufe der Zeit Aufsätze aus 3600 Zeitschriften (manche haben freilich zwischenzeit-lich ihr Erscheinen eingestellt) in die Datenbank eingeflossen. Gegen-wärtig werden 500 Zeitschriften vollständig ausgewertet, und aus 832 fachlich verwandten Zeitschriften münden ausgewählte Beiträge ein. Jährlich kommen 14 000 Literaturangaben hinzu bei monatlichen Up-dates.

Die Zeitschriften stammen zu 45% aus Nord- und zu 5% aus Süd-amerika sowie zu 40% aus Westeuropa. Von den aktuell ausgewerte-ten sind in romanischen oder zumindest teilweise romanischsprachi-gen Ländern erschienen (ohne dass sie deshalb notwendigerweise alle romanistischen Inhalts sein müssen, aber Sie bekommen einen Anhaltspunkt): 4 Zeitschriften aus Argentinien, 18 aus Belgien, 33 aus Brasilien, 37 aus Kanada, 10 aus Kolumbien, 1 aus Costa Rica, 38 aus Frankreich, 22 aus Italien, 8 aus Mexiko, 1 aus Peru, 5 aus Portugal, 2 aus Puerto Rico, 5 aus Rumänien, 68 aus Spanien, 9 aus der Schweiz und 3 aus Venezuela. Freuen Sie sich auf Zeitschriften mit romanis-tischen Inhalten wie z. B. auf *Romance Philology, Studia Romanica et Anglica Zagrabiensia, Echo des études romanes, Revue des Langues Romanes, Romanistik in Geschichte und Gegenwart, Zeitschrift für ro-manische Philologie, Cuadernos de Filologia Francesa, Modern & Con-temporary France, Langue Française, Langages, Le Français en Afrique, Studi Francesi, Revista de Filología Española, RILCE. Revista de Filolo-gía Hispánica, Bulletin of Spanish Studies, Studies in Hispanic and Lu-sophone Linguistics, Hispania, Cuadernos de Filología Italiana, Revista de Italianistica, Italienisch, Archivio Glottologico Italiano, Bollettino dell'Atlante Linguistico Italiano, Lingue e Linguaggio, Rivista Italiana di Dialettologia, Studi di Grammatica Italiana, Giornale Italiano di Filolo-gia, Lingua e Stile, Stilistica e Metrica Italiana,* um nur einige zu nen-nen.

Besonders hilfreich ist, dass in LLBA sämtliche Artikel mit (engli-schen) Schlagworten und einem Abstract versehen sind.

Thesaurus   Bemerkenswert ist bei LLBA auch der über die Erweiterte Suche zugängliche **Thesaurus.** Das Wort kommt aus dem Griechischen und heißt Schatzhaus (das Wort „Tresor" ist auch kein Zufall). Und in diesem Schatzkästchen können Sie sich anzeigen lassen, welche Schlagworte die Datenbankbearbeiter („Indexierer") für einzelne Publikationen vergeben haben – und damit auch, welche Suchworte **Sie** als Datenbanknutzer eingeben können, um die für Sie besten Treffer zu finden. Bibliographien wollen Ihnen helfen. Der Bibliograph, ein Spezialist, hat einen Aufsatz (vielleicht mit einem sehr kryptischen Titel) vor sich und will Ihnen als Nutzer einen Hinweis geben, worum es inhaltlich geht. Er vergibt daher eines oder mehrere Schlagworte. Gleichzeitig will er dafür Sorge tragen, dass alle Aufsätze, die sich um dieses Thema drehen, immer mit demselben Schlagwort versehen werden. Daher werden bei der Erschließung stets im Thesaurus festgeschriebene Begriffe, ein normiertes Vokabular, verwendet.

Sie können sich alle diese Schlagworte in alphabetischer Reihenfolge anzeigen lassen. Dann sehen Sie z. B., dass es nicht nur *French*, sondern auch noch *French as a Second Language*, *French as an International Language* usw. gibt, wohl deshalb, da das Literaturaufkommen es rechtfertigte, dafür einen eigenen Punkt einzurichten. Die Kästchen vor diesen Schlagworten können Sie anhaken und damit festlegen, wonach Sie in der Datenbank suchen wollen.

Zum Eintrag *French* finden Sie über das Pluszeichen auch noch weitere Angaben, nämlich die hierarchische Einordnung: Der Oberbegriff ist *Romance Language*, womit Sie feststellen können, nach welchen romanischen Sprachen Sie separat suchen können (beispielsweise wurde das Ladinische vor einigen Jahren vom Rätoromanischen getrennt). Unterbegriffe zu *French* sind allein *Acadian French* und *Quebec French*, was freilich datenbankbedingt allzu amerikalastig ist, aber immerhin für diese Varietäten spezifischere Suchen erlaubt. Verwandte Begriffe sind *Haitian Creole* und *Provencal*. Klickt man sich bei Haiti weiter, gelangt man zu weiteren Kreolsprachen und wiederum zu verwandten Begriffen wie *Borrowing, Colonial Languages, Colonialism, Cross-Cultural Communication, Diglossia, Languages in Contact* usw. Das „Hineinschnuppern" in den Thesaurus kann für Sie also sehr nützlich sein, um entweder Ihren Suchbegriff weiter einzugrenzen oder gerade durch die verwandten Begriffe auf neue Ideen zu kommen, nach welchen Schlagworten Sie zusätzlich suchen könnten. In LLBA gibt es neben dem englischen Thesaurus auch noch Beta-Versionen eines spanischen und französischen Thesaurus.

2.1.14 Linguistic Bibliography Online

Die *Linguistic Bibliography* wird in den Niederlanden bei der dortigen Nationalbibliothek (und sogar unter den Auspizien der UNESCO) produziert. Der erste Band erschien 1949 unter dem Titel *Bibliographie linguistique* (mit Berichtszeitraum ab 1939). Auch heute noch gibt es eine jährliche Druckfassung, zusätzlich aber eine Online-Version, in die die Angaben ab 1993 eingeflossen sind.

Die *Linguistic Bibliography Online* wächst jährlich um 20 000 Treffer und wird zehnmal im Jahr aktualisiert. Inhaltlich werden alle Felder der Sprachwissenschaft erfasst, sowohl allgemeine Sprachwissenschaft als auch sprachspezifische Themen. Eingeschlossen sind auch interdisziplinäre Literaturhinweise, etwa aus den Feldern Anthropologie, Psychologie, Soziologie und Computerwissenschaft. Besonderes Augenmerk wird auf nicht-indoeuropäische und weniger bekannte indoeuropäische sowie bedrohte und ausgestorbene Sprachen gelegt. Doch bei insgesamt 270 000 Literaturnachweisen ist auch für den Romanisten noch genug dabei, zumal für Pidgin- und Kreolsprachenforscher.

Wenn Sie auf Verdacht *Rhaeto-Romanic* eingegeben haben und keine Treffer erzielen, geben Sie nicht auf, sondern schauen Sie im Index nach: im linken Menü wählen Sie bei „Browse by Index Term" den Punkt „Descriptor: Language" und sogleich öffnet sich eine phantastische Liste von über 500 Sprachen, zu der die Datenbank Literatur anbietet. Hangeln Sie sich dann zu R vor, werden Sie den bzw. die hier verwendeten Sprachnamen für Rätoromanisch finden: gleich hinter *Rhaetic* kommt erst erstmal *Rhaeto-Romance* (also nicht: -Romanic!), dann geht es weiter über so illustre Sprachen wie *Riau Indonesian, Rikbatsá, Rioplatense Spanish, Roglai* zu *Romance* (also: romanische Sprachen insgesamt) zu den *Romance lexifier pidgins and creoles, Romani (Gypsy), Romanian (Rumanian)* hin zu *Romansh*.

Seien Sie bei der Datenbanksuche also immer möglichst phantasievoll und bedenken Sie, dass es mehrere Suchworte geben kann (in diesem Fall Rhaeto-Romance und Romansh). Das kann man am besten herausbekommen, wenn man „hinter die Kulissen", also in die oftmals angebotenen Indizes schaut. In manchen Datenbanken blättern sich die Indizes auch schon automatisch auf, wenn man anfängt, ein Suchwort einzutippen.

Werden Sie Kulissenschieber!

In der *Linguistic Bibliography Online* können Artikel zum sizilianischen Dialekt unter dem Sprachdeskriptor *Italian* abgelegt worden sein, andererseits wird aber auch *Sicilian* als eigener Eintrag im Sprachen-

Index aufgeführt. Neben diesem nützlichen Sprachenalphabet gibt es übrigens auch noch ein Alphabet der verwendeten Schlagworte. Bei der „Erweiterten Suche" ist zu beachten, dass man anfangs nur eine einzige Eingabezeile sieht. Wenn man mehrere Suchbegriffe miteinander kombinieren will, muss man sich weitere Eingabezeilen mit „Add Row" auf den Bildschirm laden. Und noch ein Trick: zum Exportieren Ihrer Treffer reicht es nicht, wenn Sie auf die verlockenden Buttons „Print", „Download" oder „E-mail" klicken. Sie müssen vielmehr zunächst die Treffer auswählen und anschließend auf „Update saved records" klicken; erst dann werden sie in den Warenkorb geworfen und stehen zum Export bereit.

2.1.15 Web of Knowledge/Arts and Humanities Citation Index

Im großen Datenkosmos warten auf uns auch einige gigantische Datenbanken, in denen sämtliche Wissenschaftsdisziplinen, auch die nicht-philologischen, vertreten sind. Auch solche fachübergreifenden Datenbanken sind nichts anderes als ein Konglomerat von Fachdatenbanken, die aber den Vorteil bieten, dass man bequem interdisziplinär suchen kann. – Eine davon ist das **Web of Knowledge**, eine der größten und aktuellsten Datenbanken weltweit. Dieses Portal ist untergliedert in drei Teildatenbanken (was in der neuesten Version nicht mehr auf Anhieb ersichtlich ist). Die Teildatenbank für die Geisteswissenschaften, der sog. **Arts and Humanities Citation Index** (AHCI), enthält Literaturangaben aus rund 1150 Zeitschriften. Aus dem Gebiet der Romanistik sind dort immerhin 15 Zeitschriften zur französischen Sprache und Literatur und eine zur maghrebinischen, 20 zu den Philologien der iberischen Halbinsel sowie sechs Organe zu jenen Lateinamerikas ausgewertet, außerdem sieben zur italienischen und 18 zur romanischen Philologie allgemein (insgesamt 67 Zeitschriften). Das Besondere an den Datenbanken des *Web of Knowledge* ist, dass nicht nur die eigentlichen Titel der Zeitschriftenartikel aufgeführt werden, sondern auch die Fußnoten oder Literaturverzeichnisse dieser Aufsätze eingescannt wurden und für Sie recherchierbar sind.

Zitations-analyse Daraus lassen sich drei Recherchewege ableiten, die Sie zu thematisch verwandten Treffern führen können:

1. Wenn Sie ein Aufsatz interessiert, interessieren Sie wahrscheinlich auch die dort genannten anderen (älteren) Veröffentlichungen rund um dieses Thema. Außerdem können Sie auf diese Weise die Forschungsentwicklung retrospektiv verfolgen (auf welche Quel-

len beruft sich der Autor?). Klicken Sie dazu bei Ihrem Ausgangs-
aufsatz auf „Cited References". Die nun erscheinenden Literaturangaben sind verkürzt wiedergegeben. Die Funktion ist besonders
dann sinnvoll, wenn eine ältere Veröffentlichung ebenfalls in der
Datenbank vorhanden ist: dann ist sie blau unterlegt und verlinkt,
und Sie können sich von dortaus „weiterhangeln".

2. Über die „Cited References Search" lassen sich die verkürzten Lite-
    raturangaben in voller Länge recherchieren. Außerdem können
    Sie die Weiterentwicklung einer (älteren) Idee auch prospektiv ver-
    folgen (wer hat wann welche wichtige Idee zitiert, kritisiert, vertei-
    digt, weitergedacht etc.?). Hierfür finden Sie bei jedem Artikel ei-
    nen Link „Times Cited", der Ihnen anzeigt, wie oft der Artikel in
    neueren Aufsätzen zitiert wird. Die Anzahl kann Rückschlüsse auf
    den Einfluss einer Publikation in der wissenschaftlichen Communi-
    nity zulassen. Sie sind eingeladen, einen Alert-Dienst zu beauftra-
    gen, der Ihnen eine E-Mail schickt, wenn ein neu in die Datenbank
    eingestellter Artikel den Sie interessierenden Ursprungsartikel zi-
    tiert.

3. Mit einem Klick auf „Related Records" gelangen Sie – ausgehend
    von einem Ursprungsaufsatz – zu anderen Aufsätzen, die diesel-
    ben Quellen zitieren („shared references") und daher vermutlich
    thematisch verwandt sind.

Probieren Sie diese Verlinkungen aus, aber wundern Sie sich nicht,
wenn Sie sich irgendwann im Geflecht aller zitierten und zitierenden
Publikationen verlieren, das ist normal.

Etwas befremdend an der Datenbank ist, dass die Titel sämtlicher
fremdsprachiger Literaturhinweise ohne Angabe des Originaltitels
ins Englische übersetzt werden. Der Aufsatz *The Carpenter and the
Laundress. George Sand and Zola* von Nelly Wolf heißt in Wirklichkeit
im Original: *Le Menuisier et la blanchisseuse. George Sand et Zola* (in:
Revue d'Histoire Littéraire de la France 2009, S. 899–908).

Aufpassen muss man außerdem bei Vornamen, die meist abgekürzt
werden. Bei zusammengesetzten Nachnamen sollten alle Schreibweisen gesucht werden (D'Angelo M* OR Dangelo M*).

2.2 Literatur beschaffen: Advanced

2.2.1 Portale für Retrodigitalisate und andere Volltexte

2.2.1.1 Google Books

Im Januar 2011 meldete die FAZ, Google habe 15 der 130 Millionen auf der Welt existierenden Bücher digitalisiert. Dabei muss man zwischen zwei Sparten unterscheiden: zum einen kooperiert Google mit derzeit ca. 20000 modernen Verlagen, die ihre (nach wie vor im Druck erscheinenden) Bücher freiwillig in elektronischer Form an Google übersenden. Wenn Sie in Google einen oder mehrere Suchbegriffe eingeben, stoßen Sie möglicherweise auf ein Buch, in dem auf irgendeiner Seite „Ihr" Suchbegriff auftaucht – auf dieses Buch wären Sie vermutlich niemals aufmerksam geworden, wenn Sie in einer Buchhandlung oder einer Bibliothek Seite für Seite umgeblättert hätten. Google zeigt Ihnen nun einen Ausschnitt, einen „snippet" (kleinen Schnipsel) der Fundstelle im Kontext einiger Zeilen an, aber auch nicht mehr als diesen *snippet*, weil das moderne Buch in seiner Gänze urheberrechtlich geschützt ist. Der *snippet*, so das Kalkül der beteiligten Verlage, steigert den Buchabsatz, weil manch einer allein wegen des *snippets* das ganze Buch erwirbt. Die meisten Bücher erhalten Sie freilich auch in Bibliotheken, eventuell über eine Fernleihe.

Link http://books.google.de/

Die andere Sparte ist Googles Zusammenarbeit mit weltweit knapp zwanzig bedeutenden, alten Bibliotheken, um dort diejenigen Bücher einzuscannen, die keinem Urheberschutz mehr unterliegen. Um sicherzugehen, dass der Autor tatsächlich bereits seit siebzig Jahren verstorben ist, werden vorwiegend Bücher digitalisiert, die bis etwa zur Mitte des 19. Jahrhunderts erschienen sind. Diese alten Drucke stehen nicht nur als *snippet*, sondern als Wort für Wort durchsuchbare Volltexte zur Verfügung.

Aus der Romania beteiligen sich derzeit die Nationalbibliothek von Katalonien (Barcelona), die Bibliothek der Universidad Complutense (Madrid), die Universitätsbibliothek Lausanne sowie die Bibliothèque Municipale de Lyon, aber auch die Bibliotheken aus dem englischsprachigen Raum bringen natürlich romanischsprachige und romanistische Bücher ein. Wer philologische Quellen und ältere Sekundärliteratur benötigt, kann also auch bei Google Books durchaus fündig werden. – Zu gerichtlichen Kontroversen und dem „Google Settlement" hat die Google-Praxis geführt, ohne Zustimmung des Rechteinhabers heutige Publikationen einzuscannen.

Wenn Bibliotheken Drucke und Handschriften scannen, sind sie in der Regel rechtefrei. Aufgrunddessen finden Sie in den bibliothekarischen Digitalisierungsportalen vor allem ältere wissenschaftliche Bücher, die in den Geisteswissenschaften und den Philologien immer noch wichtig oder oft sogar grundlegend sind, von den Quellen ganz zu schweigen.

2.2.1.2 Gallica

Eines dieser Digitalisierungsportale (das größte nationale Vorhaben weltweit) ist **Gallica** – eine mittlerweile riesige Fundgrube für überwiegend französische, ältere Literatur zu allen Fachgebieten. Die Französische Nationalbibliothek scannt seit 1992 Bücher, Zeitschriften und Zeitungen, die urheberrechtsfrei sind, und stellt sie kostenlos im Internet zur Verfügung. Gallica wächst so schnell, dass alle Zahlen, die man nennt, alsbald wieder überholt sind, und dennoch: Gallica enthält über 1,7 Millionen Dokumente aus drei Quellen. Ganz überwiegend sind dies eingescannte, urheberrechtsfreie Bücher der Französischen Nationalbibliothek. 90 000 Dokumente stammen aus anderen französischen Bibliotheken (darunter so originellen wie der *Cité internationale de la bande dessinée*). Außerdem werden Ihnen ca. 80 000 „Appetithäppchen" von heute im Buchhandel erhältlichen Büchern auf den Seiten der Verlage geboten: So kann man z. B. den Klappentext lesen, im Inhaltsverzeichnis, im Vorwort oder anhand von meist auf der Verlagswebsite zugänglichen seitenweisen Auszügen prüfen, ob das Buch die eigenen Erwartungen erfüllt. Am Ende wird man an Buchhändler weitergeleitet, bei denen man das Werk kaufen kann. Ein für Philologen wichtiger Verlag ist auch dabei: Gallimard mit immerhin über 4000 unter diesen Bedingungen einsehbaren Büchern.

---

http://gallica.bnf.fr/ **Link**

Probieren Sie Gallica anhand der „Dossiers", hübsch gemachten virtuellen Ausstellungen zu Themen wie *Voyages en France* mit Reiseliteratur vom Mittelalter bis ins 20. Jahrhundert, einmal aus. Geboten werden unterschiedliche Zugänge zu dem Thema: z. B. über die Chronologie der Jahrhunderte, über eine interaktive Frankreich-Karte oder über unterschiedliche Beweggründe für Reisen (Künstlerreisen, sentimentale Reisen, Bildungsreisen, Tourismus). Am Schluss werden Sie immer zu den eigentlichen Dokumenten in Gallica verlinkt, von einer 1555 in Avignon erschienenen französischen Ausgabe der Werke Petrarcas, der ja als Erster einen Berg, den Mont Ventoux in der Provence, ganz ohne Notwendigkeit, sondern allein aus Bewunderung für die Natur bestiegen haben soll, bis hin zu einem illustrierten Werbeblatt für die ersten *Guides Michelin* vom Anfang des 20. Jahrhunderts.

Text-erkennung

Mode image und mode texte: Anfangs beschränkte man sich in Gallica darauf, die Dokumente nur als Images (nur die Grafiken der eingescannten Seiten) ins Netz zu stellen, inzwischen wird möglichst vieles mit OCR-Programmen (automatischer Texterkennung) eingelesen, auch noch rückwirkend. Sie finden in Gallica immer eine Kennzeichnung, ob ein Werk nur im Bildmodus vorliegt oder sogar im Volltext und damit Wort für Wort durchsuchbar ist.

Anfangs wurden für Gallica ca. 4000 Bücher pro Jahr eingescannt, vor allem die französischen klassischen Autoren des 19. Jahrhunderts, wichtige Nachschlagewerke und Bibliographien, außerdem Tageszeitungen bis zum Jahr 1944 und kostbare und seltene Materialien. Heute besitzt Gallica den Anspruch, „témoignages du patrimoine écrit français et de son rayonnement en Europe et dans le monde" widerzuspiegeln. Dazu werden mittlerweile jährlich rund 100 000 Dokumente, die in der Französischen Nationalbibliothek (die seit 1537 jedes in Frankreich gedruckte Buch per Gesetz erhält) verwahrt werden, retrodigitalisiert.

Symbole in Gallica

Das Buchsymbol bedeutet **mode image** (Buchseiten wurden nur gescannt, d. h. wie abfotografiert).

Das Buchsymbol mit beigefügtem kleinem „a" bedeutet **mode texte** (Volltext verfügbar durch OCR-Texterkennung).

Mit einen Klick auf ein kleines „t" in einem Quadrat schalten Sie in den Textmodus um und können sich ihn sogar mit einer französischen Automatenstimme vorlesen lassen (sehr erheiternd bei deutschen Texten …).

Das Symbol mehrerer vernetzter Bücher mit einer Weltkugel weist auf einen kommerziellen Verlag (e-distributeur) hin, der seine Inhalte auszugsweise über Gallica publik macht.

Für gezielte Suchen nach Ihren eigenen Themen in Gallica, diesem ja mittlerweile riesigen und damit fast schon ein bisschen unüberschaubaren Repertoire, können Sie zunächst die eine (uns ja von Google bestens vertraute) Suchzeile benutzen und prüfen, wie viele Treffer Sie erhalten. Sollten es zu viele sein, sind am linken Rand der Trefferliste sehr komfortable Filtermöglichkeiten angebracht, durch die Sie die Treffermenge bequem reduzieren können.

„Facetted Search" oder „Drilldowns": das sind Bezeichnungen in Datenbanken für die sehr hilfreiche Möglichkeit, Suchen nachträglich einzuschränken. Sie tauchen meist am Rand der Trefferliste auf und bieten Filtermöglichkeiten z. B. zum Erscheinungsjahr, zum Themengebiet, zu Autorennamen und Dokumentarten. Ein Klick auf ein Themengebiet führt dazu, dass aus der ursprünglichen Trefferliste nur noch diejenigen Treffer angezeigt werden, die dieses spezielle Thema behandeln.
Vorsicht: nicht vergessen, den Filter wieder zu löschen, wenn eine neue Suche gestartet wird (manche Datenbanken behalten ihn nämlich ungefragt bei).

Geben Sie zum Beispiel nicht mehr als *Bovary* in den Suchschlitz ein, erhalten Sie mehr als 2000 Resultate. Sie können nun die Dokumente durch Filtern nach Materialtypen kategorisieren – nach Büchern, Zeitschriften und Handschriften (letztere übrigens tatsächlich ein digitalisiertes eigenhändiges Flaubert-Autograph, das als Vorstudie zu Madame Bovary anzusehen ist). Vielleicht ist es aber sinniger, wenn Sie beim Filter für den Autor einfach Flaubert auswählen. Dadurch finden Sie rasch eine Einzelausgabe des Romans, nämlich

> **Titre:** Madame Bovary, moeurs de province, par Gustave Flaubert
> **Auteur:** Flaubert, Gustave (1821–1880)
> **Éditeur:** M. Lévy frères (Paris)
> **Date d'édition:** 1857

sowie mehrere Bände einer Gesamtausgabe der Werke Flauberts, als deren zweiter Band Madame Bovary erschienen ist.

> **Titre:** Oeuvres complètes de Gustave Flaubert. T. 2
> **Auteur:** Flaubert, Gustave (1821–1880)
> **Éditeur:** L. Conard (Paris)
> **Date d'édition:** 1910

Hier steht Madame Bovary übrigens – und das ist nicht unwichtig! – gar nicht in den Titeldaten, sondern taucht nur im abgetippten Inhaltsverzeichnis des Werkes und damit in einer ebenfalls durchsuchten Kategorie der „Metadaten" auf.

Wenn aber doch der Gesamttext des Romans nur wenige Male in Gallica enthalten ist, woher stammen dann, werden Sie sich vielleicht fragen, diese mehr als 2000 Treffer? Die Datenbanken werfen das aus, was man in ihnen abfragt – und es ist nie verkehrt, zu wissen, in welchen Schubladen man kramt. Das Wort *Bovary* wurde bei dieser einfachen Suche eben nicht nur in der Schublade „Titel der Bücher" gesucht, sondern viel umfassender in allen Schubladen der Kommode, also „irgendwo im Text". Wenn in einer Verlagsannonce eines ganz anderen Buches auf einen weiteren Roman des Autors, nämlich auf *Madame Bovary*, hingewiesen wird, dann erscheint dieser Treffer eben auch, obwohl er für Sie völlig irrelevant ist.

Wenn Sie hingegen in der – grundsätzlich natürlich auch sehr empfehlenswerten – **„Erweiterten Suche"** (*Recherche avancée* bzw. *Advanced Search*) von vornherein festlegen, dass Sie *Bovary* als Titel und *Flaubert* als Autor suchen wollen – Sie würden (neben mehreren E-Books) sofort die digitalisierte Einzelausgabe des Romans von 1857 bekommen. Aber nicht auch den zweiten Band der Gesamtausgabe, denn deren Titel lautet ja *Œuvres complètes*. Hätte die Französische Nationalbibliothek ausschließlich die Gesamtausgabe der Werke Flauberts digitalisiert, wären Sie mit dieser Suchabfrage auf keine einzige historische Ausgabe von *Madame Bovary* gestoßen. Denn in der Gesamtausgabe steht ja *Madame Bovary* nicht im Titel, sondern nur im Inhaltsverzeichnis. Um den entsprechenden Band der Gesamtausgabe zu finden, hätten Sie demnach weise als Titel *Œuvres* oder *Œuvres complètes* eingeben müssen (wobei Sie Sonderzeichen, Accents, Cédilles etc. weglassen können) und sich dann über den Link *Voir tous les volumes du même ensemble éditorial* die einzelnen Bände anzeigen lassen müssen.

Tipp für die Suche nach Primärtexten — Wenn Sie auf Anhieb keine Einzelausgabe finden, versuchen Sie, eine Gesamt- oder eine Werkausgabe zu finden, die ausgewählte Schriften enthält. Solche Sammelausgaben können unterschiedliche Titel haben, z. B.: **Œuvres, Théâtre complet, Tout Simenon**, italienisch: **Opere, Opere scelte, Scritti, Opera omnia** … Am einfachsten geben Sie nur den Autorennamen ein.

Sie können in der erweiterten Suche auch festlegen, dass die Ausgabe tunlichst aus dem 19. Jahrhundert stammen soll, sich in deutscher Sprache vor Ihnen auftun möge und kostenlos zum Download bereitstehen soll. Ich drücke Ihnen die Daumen, dass das alles klappt und Sie dann überhaupt Treffer bekommen – falls nicht auf Anhieb: wählen Sie nicht von Anfang an zu viele Einschränkungen, sondern suchen Sie lieber anfangs grob und arbeiten Sie sich anhand der Filtermöglichkeiten langsam vor!

Die Volltextsuche wird Sie auch zu vorher ungeahnten Texten führen, in denen etwas *über* Madame Bovary steht. Wählen Sie im Sprachenfilter etwa nur die deutschen Bücher aus, gelangen Sie zum Werk eines deutschen Philosophen, Johannes Volkelt (2010 war er 70 Jahre tot), der in seinem *System der Ästhetik* Flauberts Werk wegen der

„schwülen Erotik, die hier herrscht" (schwûlen Erolik – hat die OCR-Software nur erkannt, wie sich herausstellt, wenn man auf Textmodus umstellt), nicht zu den „üppigen Dichtungen" zählen will, „wo ein Dichter dahintersteht, der von Naturkraft strotzt und in der quellenden Saftigkeit der Natur zu schwelgen liebt". Man merke vielmehr bei Flaubert, Zola, Daudet, „daß diese Dichtungen Abschreckendes und Häßliches schildern wollen." (Bd. 2, S. 251).

Um sich in dem dreibändigen, jeweils ca. 600 Seiten schweren Ästhetik-Werk auch am Bildschirm gut zurecht finden zu können, kann man nicht nur zu einzelnen Seiten „springen" (Klappmenü bei *Pages*), sondern sich auch kapitelweise über die verlinkten Seitenzahlen des Inhaltsverzeichnisses fortbewegen (oben links als *Table of Contents* oder *Table de matières* bezeichnet). Im Volltext nach einzelnen Worten suchen lässt sich über den Menüpunkt *Modules de recherche* (am linken Rand).

In Gallica können Sie sich für nicht-kommerzielle Zwecke fast alle Texte kostenlos herunterladen, entweder einzelne Seiten oder das gesamte Buch, und zwar als PDF oder – sofern es als Volltext vorliegt – auch als Textdokument. Klicken Sie dazu auf den Link **Télécharger/Imprimer** (rechts oben, nachdem Sie den Treffer geöffnet haben).

Suchabfragen, die man über einen längeren Zeitraum braucht, als RSS-Feed in Gallica abonnieren. **Tipp!**

Je mehr Sie sich in Gallica tummeln, desto eher bekommen Sie ein Gefühl dafür, was enthalten ist und wie Sie am besten darin suchen. Um sich auf dem Laufenden zu halten, können Sie sich den monatlichen Gallica-Newsletter bestellen oder ein RSS-Feed abonnieren, für die eigenen Suchanfragen oder für die neu eingestellten Digitalisate.

2.2.1.3 Europeana

Gallica war der wichtigste Vorläufer für **Europeana**, das Portal zu Digitalisaten aus europäischen Bibliotheken, Museen und Archiven. Dort sind mittlerweile mehr als 20 Millionen digitale Objekte abrufbar: Fotos von Kunstwerken aus europäischen Museen, Tonaufnahmen, Videos und eben auch schriftliche Materialien: Bücher, Zeitungen, Briefe, Tagebücher, Archivalien.

www.europeana.eu **Link**

Wir bleiben beim Beispiel Bovary. Wieder stoßen Sie auf das Gallica-Digitalisat des Romans, darüber hinaus auch auf Hörproben aus einer deutschen und einer ungarischen Hör-CD des Romans; ein im Musée Carnavalet verwahrtes Widmungsexemplar des Romans, das Flaubert George Sand zueignete; eine Interpretation von Flauberts *Madame Bovary* des verstorbenen Romanisten Ulrich Schulz-Buschhaus, dessen Aufsatzwerk von der Universität Wien postum mit Open Access ins Netz gestellt wurde; eine Fernsehdiskussion zwischen Charlotte Rampling und Claude Chabrol über Frauenbilder und Madame Bovary; einen französischsprachigen Aufsatz über Madame Bovary in einer polnischen Fachzeitschrift von 2007; verschiedene Abbildungen und Kunstwerke sowie Szenenfotos zu einem deutschen Bovary-Spielfilm aus dem Jahr 1938 über filmportal.de und schließlich einen handschriftlichen Brief von Alberto Prebisch an Miguel de Unamuno, der sich u. a. auch mit der Bovary befasst.

Warum erhalten Sie im Gegensatz zu Gallica nur wenige Treffer? Weil Sie in Europeana nur in den knappen Beschreibungen der Digitalisate, den sogenannten **Metadaten**, suchen können (z. B. Autor/Künstler, Titel des Buches/des Kunstwerkes, kurze Beschreibung, Entstehungsort und –jahr), aber nicht im Volltext des Bücher. Die Wort-für-Wort-Durchsuchbarkeit ist für Europeana aber ebenfalls geplant.

2.2.1.4 Hispana

Hispana ist das Pendant zu Gallica für die Digitalisate aus spanischen Bibliotheken, Archiven und Museen. Unter http://hispana.mcu.es/ werden über drei Millionen digitale Objekte aus über 150 Einrichtungen zusammengeführt. Enthalten sind auch die bedeutenden Digitalisierungsprojekte *Biblioteca Digital Hispánica* und *Hemeroteca Digital* der Spanischen Nationalbibliothek.

2.2.1.5 Internetculturale/Biblioteca digitale

Digitalisate aus über 50 italienischen Kultureinrichtungen, insgesamt acht Mio Dateien, finden Sie unter www.internetculturale.it, und hier durch Eingabe eines Suchwortes im einzeiligen Suchmenü, das Sie von der voreingestellten Suche in den Bibliothekskatalogen auf „Biblioteca digitale" umstellen müssen. Hier können Sie Ihre Suchworte in eine einzige Suchzeile eingeben oder über das mit einem Pluszeichen garnierte Lupensymbol zur „Ricerca avanzata" wechseln. Wenn Sie in der digitalen Bibliothek neuere Bücher suchen, die noch unter Urheberschutz stehen, finden Sie oft „nur" den Umschlag, das Titelblatt, das Inhaltsverzeichnis und den Klappentext digitalisiert vor.

Alternativ können Sie sich im *Internetculturale* über den Menüpunkt „Esplora" zu den „Collezioni Digitali" leiten lassen und sich dort anhand von Kurzbeschreibungen über die hier zusammengeführten thematisch ausgerichteten Digitalisierungsprojekte aus einzelnen Einrichtungen informieren („scheda collezione") oder gleich auf deren Website wechseln („accedi alla collezione"). Beispielsweise können Sie sich zur *Biblioteca Italiana (BibIt)* der Universität Rom leiten lassen, eine XML-basierte digitale Bibliothek der bedeutendsten Werke der italienischen Literatur aller Genres auf der Basis der maßgeblichen Ausgaben, insgesamt über 1700 Werke. Oder Sie klicken sich über den Punkt „Letteratura" in der Systematik z. B. zum 14. Jahrhundert und dort zu illustrierten und vielfach verlinkten Seiten über Leben und Werk Dantes oder sogar zu einer 3-D-Reise in die Welt Dantes (gedacht als Unterrichtsmaterial). Im Menüpunkt „Autori e Opere" werden Sie u. a. zu einer virtuellen Ausstellung der Handschriften Giacomo Leopardis im Bestand der *Biblioteca nazionale di Napoli* geleitet. Im 20. Jahrhundert treffen Sie dann z. B. auf ein Video-Interview mit Mario Soldati aus dem Jahr 1966.

Außerdem lohnt es, sich den Unterpunkt zu den ebenfalls zahlreich vertretenen digitalisierten Reisebeschreibungen (Itinerari), zu virtuellen Versionen von Ausstellungen (Mostre) und anderen multimedialen Anwendungen anzusehen. Schließlich ist auch noch ein thematischer Zugang zu den digitalen Sammlungen über den Menüpunkt „Temi" möglich.

2.2.1.6 Google Scholar

Google Scholar ist eine Suchmaschine, die sich auf mehr oder weniger wissenschaftlich relevante Quellen stützt. Ausgewertet werden zum Beispiel Websites von Wissenschaftsverlagen, Fachgesellschaften, Universitäten und anderen Bildungseinrichtungen, auf denen sich Vorabdrucke und Abstracts und „von Kommilitonen bewertete Seminararbeiten, Magister-, Diplom- sowie Doktorarbeiten" (Über Google Scholar) befinden, außerdem fließen einzelne Buchkapitel sowie Powerpoint-Präsentationen ein, die sich auf den Websites von Privatpersonen befinden können. Desweiteren werden Bücher eingebunden, die für *Google Books* digitalisiert wurden oder durch Vereinbarungen mit heutigen Verlagen eine Vorschau auf einige Seiten des im Buchhandel erhältlichen Buches erlauben.

Link

http://scholar.google.de/

Die Suchmaschine arbeitet nicht mit intellektueller Erschließung, sondern nutzt z. B. für die Anordnung der Treffer (Ranking) Algorithmen, d. h. automatische Verfahren, darunter das uns ja schon vom *Arts and Humanities Citation Index* bekannte Prinzip der Zitationsanalyse: Wenn ich eine Publikation gefunden habe, die für mein Thema sehr wichtig ist, kann es hilfreich sein, sich anzuschauen, welche Literatur der Verfasser in seinen Fußnoten zitiert. Denn diese (freilich schon älteren) Publikationen drehen sich vermutlich auch um mein Thema und könnten mir weiterhelfen. Daher findet man in Google Scholar „Zitationen". Je häufiger ein Dokument zitiert wird, desto weiter oben erscheint es in der Trefferliste.

Wenn Sie einen Suchbegriff bei Google Scholar eingeben, werden Sie neben vielen irrelevanten Treffern vielleicht für Sie wertvolle Vorträge, Klappentexte und Literaturhinweise finden, aber selten werden Sie vollständige wissenschaftliche Aufsätze oder gar digitale Bücher auf dem Bildschirm lesen können. Wenn es darum geht, diese „Volltexte" einzusehen, werden Sie entweder aufgefordert, ein Login-Passwort oder Ihre Kreditkartennummer einzugeben, oder Sie werden an den WorldCat weitergeleitet. Denken Sie daran: Wenn Sie darin „Germany" als Ortsangabe eingeben, finden Sie Hinweise darauf, in welchen Bibliotheken Sie an das Original oder einen für Sie kostenlosen Online-Zugriff kommen. Allerdings sind die Angaben über die Bibliotheken, die in Deutschland das Buch besitzen, im WorldCat nicht vollständig (nicht alle Bibliotheken sind Mitglied). Besser ist es, Sie schauen im KVK nach.

2.2.1.7 BASE

BASE *(Bielefeld Academic Search Engine)* ist eine Suchmaschine der Universitätsbibliothek Bielefeld für wissenschaftliche Dokumente, die zu 70-80% im Open Access auf weltweiten Repositorien zur freien Verfügung stehen. BASE ermöglicht den Zugriff auf rund 33 Millionen Dokumente, z. B. Hochschulschriften, Preprints, Retrodigitalisate und Zeitschriftenartikel u. a. aus über 2000 Quellen.

Links

http://www.base-search.net/
http://base.ub.uni-bielefeld.de/

Dabei handelt es sich oft um Hochschulrepositorien und Plattformen für Open-Access-Publikationen (wie das französische Revues.org), digitale Bibliotheken (u. a. der Bayerischen Staatsbibliothek und der Staatsbibliothek zu Berlin, ebenso wie Gallica). Es fließen aber auch die Treffer aus großen Datenbanken wie *Dialnet*, aus Zeitungsvolltextdatenbanken wie *Biblioteca Virtual de Prensa Histórica*, aus Zeitschriftenvolltextdatenbanken wie den französischen *Persée* und *Cairn.info* sowie aus den deutschen *Digizeitschriften* hier ein.

Gesucht werden kann in den Metadaten der Dokumente, d. h. in den formalen Beschreibungen (Autor, Titel, Schlagworte...), nicht aber in den Volltexten der Dokumente. Bei der Suche kann auch die EuroVoc-Suche aktiviert werden, durch die automatisch Begriffe in andere Sprachen übersetzt und zeitgleich mit abgesucht werden (EuroVoc ist ein mehrsprachiger Thesaurus aus dem Dokumentationswesen der EU).

2.2.1.8 OAIster

Der Name der Datenbank **OAIster,** der sich eigentlich von der *Open Archive Initiative* ableitet, klingt nicht nur nach Austern, man wirbt auch mit dem Spruch „Find the pearls". OAIster ist ein Verbundkatalog für digitale Quellen, die frei zugänglich auf den Servern von mehr als 1100 Beiträgern weltweit gespeichert sind – dies können Bibliotheken, Universitäten, Akademien oder die Herausgeber eines kostenlosen E-Journals sein. Die Perlen, das sind über 25 Millionen Open-Access-Quellen: gescannte, d. h. retrodigitalisierte Bücher, Zeitungsartikel, Zeitungen und Handschriften ebenso wie *born-digital texts*, also von Anbeginn elektronisch vorliegende Dokumente, außerdem Audio- und Videodateien, Fotos usw. Die Datenbank wird vierteljährlich aktualisiert.

---

http://oaister.worldcat.org/ oder über den Worldcat www.worldcat.org

Links

Nach der Eingabe Ihres Suchbegriffs heißt das Zauberwort „View online" – wenn Sie diesen Link in der Beschreibung des Treffers entdecken, können Sie das Dokument gleich aufrufen. Ob Sie eine Perle gefunden haben, müssen Sie dann selbst entscheiden – auf jeden Fall ist die Auster aber fangfrisch auf dem Tisch.

2.2.1.9 Internet Archive

Die gemeinnützige Organisation mit Sitz in San Francisco ist bekannt zum einen durch ihre *Way Back Maschine*, bei der frühere Versionen (Snapshots) von Websites ab 1996 gespeichert wurden, zum anderen

durch ihre digitale Bibliothek, in der ca. drei Millionen gemeinfreie digitalisierte Bücher zugänglich sind.

Link

www.archive.org

Diese stammen zum einen aus dem Bestand von Bibliotheken (darunter ca. 270 amerikanische Bibliotheken). Auch 250 000 in Kanada erschienene Publikationen sind vorhanden. Kooperationspartner in Indien, China und Ägypten steuern ihrerseits Texte zur sog. *Universal Library* bei. Das (internationale) Project Gutenberg mit gemeinfreien Texten ist gleichfalls angeschlossen, ferner sind ca. 900 000 Bände aus der Google Books-Massendigitalisierung zugänglich. Außerdem können Privatleute ihre digitalen Texte hochladen (*Community Texts*). In den 23 Scanstationen werden jeden Tag ca. 1000 neue Bücher digitalisiert. Das Internet Archive enthält außerdem Videos, Audiodateien und Software.

Das Mitmach-Projekt *Open Library* hat sich zum Ziel gesetzt, jedes jemals erschienene Buch mit einer eigenen Website nachzuweisen und nach Möglichkeit mit dem entsprechenden Digitalisat zu verknüpfen. Derzeit sind ca. 30 Millionen Datensätze vorhanden, darunter eine Million E-Books. Allein für die *Divina Commedia* erhält man mehrere hundert Treffer in etlichen Sprachen zum kostenlosen Download sowie ältere Sekundärliteratur. Beim Menüpunkt „Subjects" sind die Schlagworte der *Library of Congress* eingebunden, wodurch eine komfortable Suche nach Themen ermöglicht wird.

2.2.1.10   HathiTrust

Ein weiteres großes Angebot digitaler Volltexte bietet *HathiTrust*. Kennen Sie noch Hathi aus dem Dschungelbuch, den Anführer der Elefantenparade? Beim *HathiTrust* haben sich analog die großen „Player" unter den US-amerikanischen Bibliotheken und Universitäten zusammengeschlossen. Für die Recherche stehen rund zehn Millionen Bände zur Verfügung. Dieses Angebot entspricht rund 3,5 Milliarden Buchseiten, die sich – wie die Inhalte von *Google Books* – im Volltext durchsuchen lassen. Allerdings ist auch hier nur ein Teil der Inhalte kostenfrei zugänglich, denn 70% der Inhalte unterliegen noch dem amerikanischen Urheberrechtsschutz. Zudem erkennt die Datenbank im Normalfall, dass die Anfrage nicht aus den USA erfolgt und sperrt den Zugriff auf den Volltext.

Link

www.hathitrust.org

2.2.2 Ausländische Bibliothekskataloge

Die Kataloge ausländischer Bibliotheken, z. B. diejenigen der Nationalbibliotheken romanischsprachiger Länder, werden für Sie nur in
Ausnahmefällen relevant sein. Die wichtige ausländische Primär- und
Sekundärliteratur ist in deutschen Bibliotheken vorhanden. Sollte sie
einmal in Ihrer Bibliothek nicht vorhanden sein, können Sie sich fast
alles als Fernleihe aus anderen deutschen Bibliotheken bestellen. Nur
wenn Sie, sagen wir, Ihre Dissertation über rätoromanische Frühdru-
cke schreiben möchten, wird es notwendig sein, eine Forschungsreise
ins Ausland anhand der ausländischen Bibliothekskataloge vorzube-
reiten. Außerdem können Sie ausländische Bibliothekskataloge dazu
benutzen, thematisch relevante Literatur über Schlagworte zu finden
und Literaturangaben zu verifizieren, etwa, wenn Sie nur unvollstän-
dige Angaben zu einem Titel gefunden haben, denn:

Nationalbibliotheken sind oft jahrhundertealte Institutionen, denen einst ein Herr-
scher das Recht verliehen hat, bei allen Verlegern oder Druckern ein kostenloses
„Pflichtexemplar" all ihrer produzierten Bücher einzufordern. Deshalb sind die Kataloge der Nationalbibliotheken weitgehend vollständige Verzeichnisse der Literatur des jeweiligen Landes.

2.2.2.1 Catalogue de la Bibliothèque nationale de France

Der Katalog enthält über 10 Millionen Daten, und zwar neben dem
fonds patrimonial, also den Pflichtexemplaren, auch Sondermateri-
alien wie Noten, Plakate, Tondokumente und Videos. Sie können mit
den Filtern Ihre Suche von vornherein verfeinern, z. B. nur digitalisierte Dokumente suchen. Alles, was in Gallica enthalten ist, ist auch
im Katalog der BnF enthalten (aber nicht umgekehrt: längst nicht das
gesamte rechtefreie Material aus den Beständen der BnF ist bereits digitalisiert). Die beiden Kataloge, der Catalogue de la BnF und Gallica,
sind miteinander verknüpft: sobald Sie im Katalog der BnF auf das
dem Binärsystem entlehnte Symbol für elektronische Ressourcen stoßen, öffnen Sie die Vollanzeige des Treffers. Sie brauchen dann nur auf
den obersten Knopf „visualiser" zu klicken und werden automatisch
nach Gallica – und damit zum Volltext, d. h. dem digitalisierten Buch
auf dem Bildschirm – umgeleitet.

{ BnF

Link

http://catalogue.bnf.fr
E-Tutorials zur Benutzung des Katalogs der BnF unter http://didacat.bnf.fr/

Symbol für eine elektronische Ressource, also z. B. für das Digitalisat eines Buches, das in Gallica aufrufbar ist.

Wichtiger Mehrwert des BnF-Kataloges: in ihm können Sie im Gegensatz zu Gallica thematisch suchen. Dazu schauen Sie sich am besten über den Menüpunkt „Recherches simples dans les index" an, welche Schlagworte z. B. zum Thema Victor Hugo in der Datenbank existieren. Hierfür suchen Sie die Stichworte *Victor Hugo* in der Kategorie „Sujet". Damit lässt sich der Katalog von Ihnen in die Karten gucken: von *Activité politique* über *Appréciation* in einzelnen Ländern, *Biographies, Catalogues d'exposition, Pensée politique et sociale* bis hin zum *Lycée Victor Hugo* in Poitiers und dem *Musée Victor Hugo* in Villequiers erhalten Sie über 350 Schlagworte und davor – mit dem Katalog – verlinkt: die Zahl der jeweiligen Treffer.

2.2.2.2 Verbundkatalog der französischen Universitätsbibliotheken (SUDOC)

Die gut 160 französischen Universitätsbibliotheken führen gemeinsam mit weiteren 2600 Dokumentationseinrichtungen des Hochschulwesens einen eigenen Verbundkatalog, den SUDOC mit über neun Millionen Literaturnachweisen. Dieser Katalog kann für Sie insofern interessant sein, als der SUDOC im Gegensatz zum Katalog der BnF auch die französischen Dissertationen verzeichnet. Hinter dem Button (mittig über der Vollanzeige des Treffers) *Où trouver ce document?* verbirgt sich die Auflistung, welche Bibliotheken das gewünschte Buch besitzen. Innerhalb Frankreichs kann man dann den PEB (Fernleihe – Prêt entre Bibliothèques) nutzen, von Deutschland aus haben Sie zumindest eine exakte Literaturangabe, mit der Sie die deutsche Fernleihe oder notfalls eine Auslandsfernleihe in Gang setzen können.

Link

http://www.sudoc.abes.fr
Feature: RSS-Feeds für Suchanfragen abonnieren
Mobile Applikation unter http://m.sudoc.fr/

2.2.2.3 Catálogo de la Biblioteca Nacional de España

Der *Catálogo de la Biblioteca Nacional de España* weist nicht nur alle in Spanien erscheinenden Publikationen nach, sondern bietet auch den Zugang zu weiteren Katalogen der Spanischen Nationalbibliothek (wie Handschriften und Inkunabeln). Außerdem eröffnen sich Ihnen digitale Welten wie diejenige der virtuellen Bibliothek *Biblioteca Digital Hispánica* (BDH), sowie der *Hemeroteca Digital* (digitalisierte Zeitungen und Zeitschriften).

www.bne.es/es/Catalogos/	Link

2.2.2.4 Verbundkatalog der spanischen Universitätsbibliotheken (REBIUN)

REBIUN ist die Abkürzung für *Red de Bibliotecas Universitarias*. Unter http://rebiun.crue.org können Sie die knapp neun Millionen Daten von 51 spanischen Universitätsbibliotheken, 22 Privatuniversitäten und einigen anderen Verbundteilnehmern abfragen, darunter 8,6 Millionen Monographien, 270 000 Periodika und 350 000 Daten des „fondo antiguo" (historische Drucke des 15.–19. Jahrhunderts).

2.2.2.5 Internetculturale/Servizio bibliotecario nazionale

Über das Portal www.internetculturale.it recherchieren Sie nicht nur Digitalisate aus Italien, sondern fragen auch den italienischen Verbundkatalog SBN (*Servizio Bibliotecario Nazionale*) ab. Dieser Katalog speist sich aus den Daten von über 4500 Bibliotheken und enthält 11,8 Millionen bibliographische Daten. Außerdem sind noch ca. 60 000 Daten zu italienischen Drucken des 16. Jahrhunderts (Edit16), 265 000 Handschriftenbeschreibungen (Manus) sowie 8500 Tondokumente zugänglich. Sie können entweder auf der Startseite des *Internetculturale* das Häkchen bei „Cataloghi" belassen und Ihre Recherchetermini in den einzeiligen Suchschlitz eingeben oder in die erweiterte Suche über das Lupensymbol mit Pluszeichen wechseln. Im linken Menü der Trefferliste haben Sie die Möglichkeit, mit Filtern die Treffermenge zu verkleinern. Beim Aufruf der Vollanzeige eines Titels (über den Link „Vedi") werden Ihnen diejenigen italienischen Bibliotheken angezeigt, die den Titel besitzen.

2.2.3 Virtuelle Fachbibliotheken und Linksammlungen

2.2.3.1 ViFaRom

Die *Virtuelle Fachbibliothek Romanischer Kulturkreis* (de facto mit Schwerpunkt Frankreich und Italien) ist noch im Aufbau begriffen. Sie beschränkt sich nicht auf Sprach- und Literaturwissenschaft, sondern berücksichtigt auch Geschichte, Landeskunde, Ethnologie, Soziologie, Politik und Kultur Frankreichs und Italiens. Im Wesentlichen besteht die ViFaRom aus „Ausschnitten" aus frei verfügbaren Allgemeindatenbanken, um die Suchergebnisse fachspezifisch auf romanische Treffer zuzuschneiden. Neben einem Ausschnitt aus DBIS und einem Ausschnitt aus der EZB erlaubt eine Art „KVK im Kleinen" die Suche über die OPACs von vier deutschen Sondersammelgebiets- und Spezialbibliotheken mit bedeutenden Beständen zur Geschichte, Landeskunde, Sprache und Literatur der beiden Länder. Für gespeicherte Suchabfragen können Sie sich auch auf Neuerwerbungslisten abonnieren.

Link	www.vifarom.de

„Virtuelle Fachbibliotheken" bieten einen zentralen Einstiegspunkt für die Recherche in einem bestimmten Fachgebiet. Diese Portale, die meist von den Bibliotheken mit dem entsprechenden Sondersammelgebiet aufgebaut werden, bieten vor allem kostenlose elektronische Quellen für den Fachbenutzer.

In der Metasuche wird neben den OPACs auch die Datenbank OLC-SSG Romanischer Kulturkreis abgesucht, außerdem die ViFaRom-Linksammlung *Guiderom*, in der fachlich relevante, qualitätsvolle Internetquellen (z. B. Websites von Autoren, literarischen Gesellschaften und Forschungsinstituten, Magisterarbeiten im Open Access oder z. B. ein digitalisiertes sizilianisches Wörterbuch bei Google Books) gesammelt und teilweise mit Abstracts beschrieben werden.

2.2.3.2 Cibera

Die Virtuelle Fachbibliothek für Spanien, Portugal und Lateinamerika *Cibera* bietet eine umfassende Metasuche, in der Ihre Suchworte gleichzeitig in verschiedenen Quellen abgefragt werden, und zwar in den OPACs von mehreren deutschen Spezialbibliotheken, in der Cibera-Linksammlung *Iberolinks*, in der bibliographischen Datenbank *Handbook of Latin American Studies*, in dem Zeitschriften-Inhaltsverzeichnis-Dienst des Ibero-Amerikanischen Instituts, in der Datenbank

OLC-SSG Ibero-Amerika, Spanien und Portugal sowie in der *Bibliographie der Hispanistik in der Bundesrepublik Deutschland, Österreich und der deutschsprachigen Schweiz*. Daneben verfügt Cibera über ein Verzeichnis von über 1000 deutschsprachigen Forscherinnen und Forschern zu Lateinamerika, Spanien und Portugal sowie über einen Blog.

www.cibera.de **Links**
Weitere ViFas mit Romanistik-Bezug:
www.vifaost.de (Rumänisch)
www.ilissafrica.de (Subsahara)

2.2.3.3 Les signets de la BnF

Die Französische Nationalbibliothek bietet eine bewusst limitierte Linksammlung (*signets* = Lesezeichen) qualitätsvoller Internetquellen zu allen Fachgebieten. Die Quellen werden von Fachleuten der BnF beschrieben und alle zwei Monate überprüft: so werden tote Links vermieden. Die Sammlung will nicht mit kommerziellen Angeboten wie Yahoo konkurrieren, sondern setzt eher auf **Klasse statt Masse**. In einer ausgefeilten Systematik mit mehr als 800 Kategorien sind derzeit mehr als 3400 Internetquellen beschrieben. Diese haben oft den Charakter eines Nachschlagewerks und richten sich an akademische Zielgruppen ebenso wie an die breite Öffentlichkeit.

http://signets.bnf.fr/ **Links**
Und noch ein Service der BnF: meist für die Prüfungen der Lehramtskandidaten gedacht sind sehr hilfreiche Literaturlisten, z. B. zu einzelnen Schriftstellern oder zu bestimmten literaturwissenschaftlichen/linguistischen Themen:
http://www.bnf.fr/fr/collections_et_services/bibliographies.html

Neben einer Volltextdurchsuchbarkeit der Beschreibungen durch eine Google-Suche bieten sich vor allem **zwei Zugänge** an. Von der Startseite aus können Sie sich über ein Baumdiagramm von den Obergruppen *Généralités, Catalogues de bibliothèques, Outils Internet, Philosophie et Religions, Sciences sociales, Droit, Sciences et Techniques, Arts, Langues et Littératures, Histoire et Géographie* in die weiteren Verzweigungen dieser Themen durchklicken. Man sieht dabei jeweils nur die nächsten „Äste" des Baumes.

Wenn Sie lieber alle Äste auf einmal sehen möchten, bietet sich ein Klick auf **classement thématique** an, bei der die einzelnen Kategorien untereinander aufgelistet werden. Die Unterkategorien sind dabei übrigens so fein gegliedert, dass in einer Rubrik im Normalfall nicht mehr als 10–15 Internetquellen beschrieben sind, wodurch man gut den Überblick behält.

Sollten Sie Ihr Interessengebiet nicht auf Anhieb finden, können Sie auch den zweiten Suchweg beschreiten: mit einem Klick auf **classement alphabétique** werden sämtliche Kategorien des Verzeichnisses und weitere Schlagworte in einem alphabetischen Register aufgeführt und mit verlinkten Verweisungen versehen.

Inhaltlich sind die *signets* eine wirkliche Fundgrube: von wertvollen Sites zur Sprachdidaktik und zu Wörterbüchern über einen großen Quellenfundus zu einzelnen Schriftstellern (nach Jahrhunderten bzw. Regionen der Frankophonie sortiert), bis hin zu elektronischen Zeitschriften und literarischen Blogs. Auch außerhalb des Bereichs der französischen Literatur (z. B. italienische Sprache und Literatur) sind die Links kompetent gewählt. Unter den aktuellen Themen findet sich ein Konvolut zum E-Book u. a. mit Links zu Verlagen, die kostenlose Downloads anbieten.

2.2.4 Zeitschriftenvolltextarchive

Angenommen, Sie haben gar keine Zeit mehr, erst Aufsatz-Datenbanken wie MLA oder AHCI zu konsultieren, anschließend die gedruckten Zeitschriftenbände aus dem Magazin der Bibliothek zu bestellen, zum Kopierer oder Scanner zu gehen, angenommen also, Ihr Referat muss nächste Woche fertig sein, dann habe ich einen **Tipp für diesen absoluten Notfall** parat: beschränken Sie sich auf Aufsätze aus elektronischen Zeitschriften. Dies wird nicht immer funktionieren, aber in der Not ist es sicherlich einen Versuch wert. Und wenn Sie nicht unter Zeitdruck arbeiten müssen, sind Zeitschriftenvolltextarchive sowieso ein ganz famoses Instrument zur qualitativen Verbesserung Ihres Lektürematerials. Für die Eiligen ebenso unentbehrlich wie für die Gründlichen sind zum einen ältere und alte (aber noch immer grundlegende) wissenschaftliche Zeitschriften, die vor Jahrzehnten zunächst gedruckt erschienen und nun in großem Stil eingescannt wurden; zum anderen aktuelle Zeitschriften, die (,born digital') bereits maschinenlesbar vorlagen. Dank OCR sind auch Arbeiten aus dem 19. Jahrhundert – von kleinen Texterkennungsfehlern einmal abgesehen – genauso im Volltext durchsuchbar wie die modernen Periodika. Aus Tausenden von Aufsätzen vieler Zeitschriften wird ein Paket geschnürt und somit ein Zeitschriftenvolltextarchiv in Datenbankform generiert – eine sehr kostspielige Angelegenheit, deren Nutzung Sie sich als Privatmann kaum leisten könnten, sondern nur über die Zugehörigkeit zu einer Bibliothek. Noch einmal, vor allem wenn Sie es so eilig haben, sei betont: Der wohl einzige ‚Nachteil‘ der Volltexterfassung der Aufsätze ist die in manchen Fällen kaum zu bändigende Unmenge an Treffern. Unabdingbar somit, möglichst einschlägige, originelle, also ‚enge‘ Suchworte zu verwenden und Suchtermini geschickt zu kombinieren.

Die in Zeitschriftenvolltextarchiven wie JSTOR, Project MUSE und Digizeitschriften vorhandenen Zeitschriften sind mit ihren Titeln in der ZDB und der EZB verzeichnet. Wenn Sie sich aber direkt in JSTOR und ähnliche Datenbanken einloggen, haben Sie einen immensen Vorteil: Sie können nicht nur die Titel der Zeitschriften recherchieren, sondern auch die Titel der Aufsätze und in vielen Fällen sogar Wort für Wort der Aufsätze im Volltext durchsuchen.

2.2.4.1 JSTOR

Die grundlegende Idee der Zeitschriftenvolltextarchive stammt – wieder einmal – aus den USA. Hier schloss sich Anfang der 1990er Jahre eine Anzahl Universitätsbibliotheken zusammen, um Geld zu sparen: vor allem Geld für Magazinräume, ihre Ausstattung und ihren Betrieb. Gleichzeitig wollten sie ihren Leserinnen und Lesern einen komfortablen Zugriff auf eine größere Anzahl an Zeitschriften bieten, als sie selbst aus eigenen Mitteln zu kaufen in der Lage waren. Die Bibliotheken vereinbarten eine rückwirkende Digitalisierung von gedruckten Zeitschriften aus vielen Bibliotheken und nannten das neue digitale Produkt JSTOR, Journal Storage (in etwa: Zeitschriftendepot). Diese eingescannten älteren Druckzeitschriften aus allen Wissenschaftsdisziplinen wurden anschließend mit OCR zu einem Volltextarchiv umgewandelt. Heute sind etwa 1770 Zeitschriften ab ihrem ersten Jahrgang über JSTOR zugänglich, die älteste stammt aus dem Jahr 1665. JSTOR ist nur zu einem kleinen Teil kostenlos; der weitaus größte Teil ist lizenzpflichtig, aber über Ihre Unibibliothek für Sie kostenfrei zugänglich.

---

www.jstor.org   Link
Überwiegend kostenpflichtig, daher besser über Ihre Unibibliothek in den lizenzierten und für Sie kostenlosen Zugang einloggen!

Zum einen sind freilich überwiegend US-amerikanische Zeitschriften enthalten (von den derzeit über 6,3 Millionen eingescannten Seiten sind 5,9 Millionen in englischer Sprache, 119 000 in französischer und 117 000 in deutscher, 46 000 in spanischer und 9600 in italienischer Sprache). Zum anderen sind aufgrund der Gewinnabsicht der heutigen Verlage nicht die neuesten Jahrgänge laufend erscheinender Zeitschriften enthalten, sondern nur bis zu einer „wandernden" Grenze, die meist drei oder fünf, aber auch bis zu zehn Jahre zurückliegen kann (die sogenannte *Moving Wall*). Seit 2011 werden JSTOR indes von etlichen Universitäten und Fachgesellschaften auch die aktuellen Jahrgänge der von ihnen herausgegebenen Non-Profit-Zeitschriften zur Verfügung gestellt. Seit September 2011 sind zudem US-Publikationen vor 1923 und Publikationen vor 1870 aus anderen Ländern frei über www.jstor.org zugänglich, insgesamt fast eine halbe Million Artikel aus mehr als 200 Zeitschriften (6% des JSTOR-Inhalts). Wenn Sie sich für einen kostenlosen Account bei MyJSTOR anmelden, können Sie sich durch einen Alert-Dienst Hinweise auf neu eingespielte Texte, die Ihr Suchwort enthalten, per E-Mail zuschicken lassen. Achten Sie bei www.jstor.org auf die Ampelsymbole: Sie sehen für die meisten Aufsätze nur die erste Seite und müssten den Rest kostenpflichtig erwerben (bis zu 24 $ pro Artikel). Loggen Sie sich daher über Ihre Bibliothek in den für Sie kostenlosen Account ein. Oder wählen Sie in der erweiterten Suche „only content I can access".

2.2.4.2 Project MUSE

PROJECT
MUSE®
Today's Research. Tomorrow's Inspiration.

Was JSTOR fehlt, nämlich die aktuellen Jahrgänge, bietet seine Schwester-Datenbank *Project MUSE*. In ihr sind etwa 450 Zeitschriften enthalten, die überwiegend aus US-amerikanischen Non-Profit-Verlagen stammen (vor allem Universitätsverlagen und wissenschaftlichen Gesellschaften). Die ältesten Zeitschriften reichen bis in die 1950er Jahre zurück; der Schwerpunkt liegt allerdings bei Zeitschriften ab 1990. Auch für die Romanistik sind einige interessante Zeitschriften darunter; welche, ermitteln Sie, wenn Sie im Menüpunkt „Browse Journals" (Zeitschriften „durchstöbern") auf den Unterpunkt „Browse Journals by Discipline" klicken und z. B. unter *French Studies, Iberian Studies, Latin American Studies, Language and Linguistics* oder *Literature* nachschauen. Dort sind auch jeweils die verfügbaren Jahrgänge angegeben, oft bis zum *current issue*, also bis zum laufenden Jahrgang.

Project MUSE – JSTORs moderne Schwester mit den aktuellen Forschungstendenzen

Um alle diese Zeitschriften gleichzeitig zu durchsuchen, geben Sie Ihre Suchbegriffe in den Suchschlitz „Article Search" oder in die ausgefeiltere Suchmaske der „Advanced Article Search" ein. Komfort wird bei der ‚Muse' großgeschrieben: die Aufsätze und Rezensionen sind sämt lich mit Schlagworten (sogenannten *Subject Headings*) versehen, über die auch gezielt gesucht werden kann. Wählen Sie dazu in der „Advanced Search" im rechten Menü unter „Options" den Punkt „Browse Subject Headings".

Vor einer Falle muss ich Sie warnen: wenn Sie zunächst einen Suchbegriff eingegeben haben (z. B. *Sicilia* = 209 Treffer) und dann ausprobieren wollen, ob Sie mehr Treffer für die englische Schreibweise (*Sicily*) erhalten, kann es passieren, dass Sie ungewollt den zweiten Suchbegriff als Einschränkung der ersten Treffermenge abfragen, denn voreingestellt ist „Modify Search". *Sicily* allein hätte 1092 Resultate ergeben, geben Sie es gleich im Anschluss an *Sicilia* ein, erhalten Sie nur 50 Treffer, da die Datenbank im Hintergrund *Sicilia AND Sicily* kombiniert abfragt. Dies erkennen Sie, indem Sie sich Ihre Suchgeschichte anschauen (Menüpunkt „View Search History"). Um diesen Fehler zu vermeiden, starten Sie die „Advanced Search" besser immer wieder neu.

Project MUSE ist als Ergänzung zu JSTOR in vielen Fällen sinnvoll, da hier die aktuellen Jahrgänge etlicher Zeitschriften angeboten werden, die in JSTOR nur bis zur *Moving Wall* reichen, dort also nur mit weiter zurückliegenden Jahrgängen (*back issues*) vorhanden sind. Die beiden Datenbanken sind auch untereinander verlinkt: sie können in Project MUSE auch die *back issues* in JSTOR durchsuchen. Wenn Ihre Bibliothek beide Datenbanken lizenziert hat, lässt es sich bequem von einer zur anderen Datenbank durchklicken.

Seit Januar 2012 sind in Project MUSE außerdem über 14 000 E-Books aus über 66 Universitätsverlagen und ähnlichen nicht-gewinnorientierten wissenschaftlichen Verlagen, die im *University Press Content Consortium (UPCC)* zusammengeschossen sind, enthalten.

2.2.4.3 Periodicals Archive Online (PAO)

Die Datenbank PAO (Sie erinnern sich: die Schwester-Datenbank zu PIO und damit der „blaue Pandabär") enthält je nach Lizenzumfang 500–600 geistes- und sozialwissenschaftliche Zeitschriften im Volltext seit ihrem ersten Jahrgang. Wenn sie nicht schon vorher das Erscheinen eingestellt haben, erstrecken sich diese – Seite für Seite eingescannten und volltextdurchsuchbar gemachten – Zeitschriften bis zum Jahr 1995 oder 2000.

Während Sie in PIO lediglich die Möglichkeit haben, Stichworte im *Titel* der 18 Millionen Zeitschriftenartikel zu suchen, haben Sie weitaus mehr Möglichkeiten, wenn Sie sich gleich in PAO einloggen. Hier können Sie Ihre Suchworte nämlich auch im *Volltext* sämtlicher Artikel aus den 500–600 Zeitschriften suchen (das entspricht 2–3 Mio. Artikeln oder 13–14 Mio. eingescannten Zeitschriftenseiten). Dazu geben Sie Ihr Suchwort oder Ihre Suchworte beim einfachen Suchschlitz nicht, wie voreingestellt, im „Artikeltitel" ein, sondern wählen „Titel und Text des Artikels" im Klappmenü aus. Mit diesem einfachen Umwechseln erhöhen Sie Ihre Treffermenge um ein Vielfaches. PAO, unser fleißiger blauer Pandabär, hat durch ein OCR-Programm dafür gesorgt, dass die Zeitschriftenartikel Wort für Wort durchsuchbar sind und Sie auf Artikel stoßen, auf die Sie auch in jahrzehntelanger Klausur durch Querlesen der gedruckten Zeitschriften niemals gekommen wären. Andererseits kann man von den nun ungeheuren Treffermengen auch „erschlagen" werden. Bleiben wir bei der spanischen Syntax (ich erspare uns die Verkomplizierung mit weiteren originalsprachigen Suchbegriffen à la *sintaxis* bzw. *sintáctico/a, español(a), hispánico/a, castellano/a* usw.).

Hatten wir in PIO für *span* synt** noch 101 bzw. 130 Treffer erzielt, finden Sie in PAO nur 32 Treffer, wenn Sie im Artikeltitel suchen (es sind ja auch wesentlich weniger Zeitschriften enthalten). Aber wenn Sie in PAO in „Titel und Text des Artikels" suchen, bekommen Sie auf einmal sage und schreibe über 33 000 Treffer. Das sind natürlich doch etwas zu viele, um sie vor dem Abendessen noch schnell durchzuschauen. Es werden eben alle Artikel angezeigt, in denen die Buchstaben *span* und *synt* irgendwo im Text, vielleicht auf Seite 32 und 45, vorkommen. (Zwei Suchbegriffe werden in PIO und PAO automatisch mit UND verknüpft, wenn man nichts anderes eingibt.)

Boole'sche Operatoren für Fortgeschrittene

Was in PIO geschickt war, nämlich zu trunkieren, kann in PAO schlicht „too much" sein. Entweder verzichten Sie auf die Trunkierung und suchen z. B. nach *(spanish OR spanisch*) AND syntax*. Die Klammern sind deshalb nötig, weil die Datenbank die Boole'schen Operatoren in einer bestimmten Reihenfolge abarbeitet. AND ist stärker als OR. Ohne die Klammern würde zunächst *spanisch* AND syntax* gesucht und dann erst die Schnittmenge mit *spanish* gebildet, was wenig sinnvoll wäre. Grundsätzlich empfiehlt es sich, sogenannte **Nachbarschafts- und Umgebungsoperatoren** zu verwenden, die zwei Suchworte in eine bestimmte Beziehung setzen. Das ist im (auch auf Deutsch verfügbaren) Hilfetext gut erklärt. Also: *(spanish OR spanisch*) NEAR.3 syntax* sucht nach Artikeln, in denen maximal drei Worte zwischen spanisch und Syntax stehen dürfen (knapp 400 Treffer). Sollen die beiden Suchworte unmittelbar aufeinanderfolgen, wählen Sie *(spanish OR spanisch*) FBY syntax*, wobei FBY für „followed by" steht. Diese Suche ergibt ca. 325 Treffer.

Wenn Ihnen dies immer noch zuviel sein sollte, können Sie durch die **Filtermöglichkeiten** im rechten Bereich weitere Einschränkungen vornehmen, z. B. auf rein linguistische Zeitschriften begrenzen oder nur Artikel ab 1990 auswählen. Damit finden Sie auch Artikel wie *V-Movement and the Licensing of Argumental Wh-Phrases in Spanish*, die zwar den Ausdruck *Spanish*, aber nicht Syntax im Titel enthalten, aber dennoch möglicherweise für Ihr Thema einschlägig sind.

Bei der Vollanzeige des Artikels (Klick auf den unterlegten Titel oder auf „Artikeldarstellung") sind Ihre Suchworte gelb unterlegt, und rote Markierungen unter den Seitenzahlen weisen darauf hin, auf welchen Seiten sich Ihr Suchwort außerdem befindet. Wenn Sie sich dann davon überzeugt haben, dass der Artikel für Sie brauchbar ist, können Sie den Text als PDF herunterladen und sich ausdrucken oder abspeichern wie auch als Dateianhang per E-Mail versenden. Leider ist das PDF dann nicht mehr durchsuchbar. Vorsicht: Wenn Sie den Artikel in die „persönliche Liste aufnehmen" und dort eine der Funktionen „Ausgewählte Angaben drucken/herunterladen etc." wählen, dann sind damit nur die bibliographischen Angaben (Autor, Titel, Name der Zeitschrift, Seiten) gemeint und nicht der gesamte Artikel im Volltext! Wählen Sie wenigstens bei E-Mail-Format „HTML" aus, dann wird eine stabile URL, d. h. eine fester Link, mitversandt, mit dem Sie den Volltext zuhause dann später aus der E-Mail heraus wieder aufrufen können, sofern Ihre Unibibliothek einen Fernzugriff auf PAO ermöglicht. Also besser sofort den Volltext als PDF-Attachment verschicken oder gleich ausdrucken.

2.2.4.4 Digizeitschriften – Das deutsche digitale Zeitschriftenarchiv

Digizeitschriften arbeitet darauf hin, so etwas wie das deutsche Pendant zu JSTOR zu werden, ist aber noch nicht so groß und längst nicht so komfortabel. Dennoch ist es das größte deutsche Online-Archiv mit etwa 170 Fachzeitschriften überwiegend von deutschen Verlagen. Das entspricht summa summarum 10 000 Zeitschriftenbänden und knapp 430 000 Beiträgen. Neben einigen allgemeinen philologischen Organen sind aus der Romanistik nur drei Zeitschriften vertreten, dafür aber wichtige und traditionsreiche: *Romanische Forschungen* (Jahrgänge 1.1883–115.2003), *Zeitschrift für französische (früher: neufranzösische) Sprache und Literatur* (ZFSL) (1.1879–116.2006) und *Zeitschrift für romanische Philologie* (1.1877–111.1995). Sie sehen schon: auch in dieser Datenbank sind aus rechtlichen und ökonomischen Gründen nicht die neuesten Jahrgänge verfügbar. Es wird vielmehr wieder mit einer *Moving Wall* gearbeitet.

Link

www.digizeitschriften.de
(beschränkter Zugang mit vielen geschlossenen Vorhängeschlössern) – nutzen Sie besser den lizenzierten (für Sie kostenlosen) Zugang über Ihre Bibliothek

Es gibt zwei Zugangsmöglichkeiten zu Digizeitschriften, die man leicht verwechseln kann. Die kostenlose Variante bietet Ihnen zwar viele Inhaltsverzeichnisse und auch einige Aufsätze im Volltext, aber nur bei älteren, rechtefreien Zeitschriften (bei der Romanistik nur die ersten zehn Jahrgänge der ZFSL). Sie können dies daran erkennen, dass vor dem Titel der meisten Zeitschriften ein (kaum erkennbares) Symbol eines geschlossenen Vorhängeschlosses und nur bei wenigen ein geöffnetes Vorhängeschloss angezeigt wird. Welche Zeitschriften im Open Access zugänglich sind, erfahren Sie auch über den gleichnamigen Menüpunkt.

Der vollständige Zugriff auf alle Zeitschriften ist nur über Bibliotheken, die die Datenbank *Digizeitschriften* lizenziert haben, möglich. Ihre Unibibliothek wird Ihnen aber mit Sicherheit einen Zugriff bieten können. – Die Zeitschriften wurden zunächst nur als „Images" angeboten. Mittlerweile werden aber nachträglich immer mehr statische Scans mittels OCR in Wort für Wort durchsuchbaren Volltext umgewandelt. Im Volltext dieser Artikel lässt sich über den Menüpunkt „Suche" recherchieren (voreingestellt: Volltext und Metadaten). Herunterladen, per E-Mail verschicken und ausdrucken können Sie die Artikel, wenn Sie auf das PDF-Symbol klicken.

2.2.4.5 Persée

Die Datenbank Persée (ursprüngliches Akronym: PERiodiques Scientifiques en Edition Electronique, heute tituliert als *Portail de revues scientifiques en sciences humaines et sociales*) wurde vom französischen Erziehungsministerium initiiert und ist seit 2005 online. Das frei zugängliche und kostenlose Archiv bietet derzeit ca. 120 französische Fachzeitschriften aus dem geistes- und sozialwissenschaftlichen Spektrum ab dem 1. Jahrgang. Weitere 50 Zeitschriften sind in Vorbereitung. Die aktuellen Jahrgänge sind allerdings meist nicht enthalten. Unter anderem finden Sie in Persée zehn linguistische Zeitschriften (darunter: *Langages*, *Langue française* und – über das angeschlossene Portal Erudit aus Québec – die *Revue québécoise de linguistique*) und fünfzehn literaturwissenschaftliche Zeitschriften. Insgesamt sind 385 000 Dokumente enthalten, viele davon im Volltext. Die meisten Zeitschriften entstammen dem 20. Jahrhundert; durchschnittlich werden ca.

50 rückwärtige Jahrgänge angeboten. Alle Rechteinhaber wurden um Zustimmung zur Open-Access-Veröffentlichung gebeten. Einzelne Artikel können indes bei nicht erteilter Genehmigung des Autors gesperrt sein. Besonders hervorzuheben sind die zahlreichen Filtermöglichkeiten im linken Menü und die komfortable Navigation innerhalb der Dokumente (z. B. Sprungmarken zu Überschriften, Verlinkung von enthaltenen Literaturangaben, Zoom- und Drehmöglichkeit). Wenn Sie sich kostenlos einen Account anlegen, haben Sie zahlreiche Personalisierungsmöglichkeiten wie die Vergabe von eigenen Tags (Schlagworten), das Speichern von Notizen an einzelnen Dokumenten und das Abonnieren von RSS-Feeds.

www.persee.fr   Link

2.2.4.6 Torrossa/Editoria Italiana Online (EIO) – Periodici

Die Volltextdatenbank Torrossa (bisheriger Name: EIO) bietet zweierlei aus einer Vielzahl von Fachgebieten: zum einen wissenschaftliche E-Books aus Italien und Spanien, zum anderen E-Journals. Letztere stammen fast ausschließlich aus italienischen Verlagen, darunter Serra, Bulzoni, Mondadori, Firenze University Press und Olschki. Einige Beispiele: aus dem Bereich der italienischen Sprachwissenschaft sind *Archivio glottologico italiano* und *Studi linguistici italiani* vertreten. Der Schwerpunkt liegt eindeutig bei der Literaturwissenschaft: *Esperienze letterarie, Belfagor, Critica letteraria, Studi novecenteschi, Studi italiani, Schede umanistiche, Italianistica, Rivista di letteratura italiana, Rassegna europea di letteratura italiana, Lettere italiane* sind nur einige der renommierten enthaltenen Zeitschriften. Eine einheitliche rückwärtige Grenze für die zugänglichen Jahrgänge lässt sich nicht ausmachen, die meisten beginnen jedoch erst in den 2000er Jahren und sind bis maximal 2010 online zugänglich.

3 Informationen weiterverarbeiten

3.1 Treffer bewerten, exportieren und verwalten

Wie Treffer bewerten? Viele Ratgeber zum wissenschaftlichen Arbeiten nennen Kriterien, wie Treffermengen, die Sie bei der Literaturrecherche ermitteln, zu bewerten sind. So soll z. B. überprüft werden, ob der *Autor* ein anerkannter Wissenschaftler ist und an einer Universität arbeitet, ob sein Buch in einem wissenschaftlich anerkannten *Verlag* (und nicht etwa im Eigenverlag des Autors) bzw. in einer renommierten *Schriftenreihe* erschienen ist. Außerdem sollen Sie die wissenschaftliche Bedeutung des Werks anhand von *Rezensionen* überprüfen; beim Werk selbst darauf achten, dass es unter Beachtung wissenschaftlicher Grundsätze verfasst wurde (also z. B. Literaturhinweise aufführt). Bei Aufsätzen wird empfohlen zu prüfen, ob die Manuskripte vor dem Abdruck in der fraglichen Zeitschrift von anderen Fachwissenschaftlern geprüft werden (*peer-review*); bei Internetdokumenten spielen der Urheber (privat, kommerzieller Anbieter oder etwa eine Universität, ein Ministerium), das Erstelldatum und die Aktualisierungen sowie die dauerhafte Zugänglichkeit eine Rolle.

Das ist alles theoretisch richtig, und Sie sollten es im Hinterkopf behalten, aber Sie würden mit Ihrer Arbeit nie fertig, wenn Sie alle diese Kriterien bei sämtlichen Treffern überprüfen wollten. Außerdem kommt es auch immer auf Ihr Thema an: wenn Sie über einen unbekannten Regionaldichter forschen, dürfen Sie notgedrungen nicht so zimperlich sein und werden froh sein, überhaupt zu Sekundärliteratur zu gelangen, auch wenn diese von einem enthusiastischen Heimatforscher verfasst wurde. Es reicht, wenn Sie sich dessen bewusst sind und entsprechend quellenkritisch vorgehen. Und wenn Sie über die nationalistische Vereinnahmung eines italienischen Schriftstellers durch regimetreue selbsternannte Literaturkritiker während des Faschismus schreiben, dann werden gerade diese unwissenschaftlichen Quellen für Sie wichtig sein.

Grundsätzlich kann ich Sie beruhigen: Wenn Sie in den Ressourcen, die ich Ihnen vorgestellt habe (und teilweise habe ich ja auch kleine Warnhinweise beigefügt), recherchieren, können Sie davon ausgehen, dass Sie wissenschaftlich relevante Literatur erhalten. Die genannten Datenbanken und Fachbibliographien werten ohnehin nur wissenschaftlich anerkannte Quellen aus. Und Publikationen, die Sie in Forschungsbibliotheken finden, haben schon eine Qualitätsprüfung durch die wissenschaftlichen Bibliothekare durchlaufen, die aus einer Vielzahl von Neuerscheinungen kaufenswerte wissenschaftlich fundierte Publikationen auswählen. Ein esoterischer Kommentar zur *Göttlichen Komödie* wird nur in einer großen Akademischen Bibliothek als Quelle für die Rezeptionsgeschichte Dantes angeschafft, nicht aber in einer normalen Universitätsbibliothek.

Je mehr Erfahrung Sie bei der Literaturrecherche und -beschaffung sammeln, desto eher können Sie bei den Literaturangaben „zwischen den Zeilen" lesen: Sie erkennen die wichtigen Wissenschaftsverlage, altehrwürdigen Zeitschriften und wichtigen Schriftenreihen ganz automatisch. Trotzdem kann ein Aufsatz in einer neuen und wenig verbreiteten Zeitschrift (die auch deshalb wenig verbreitet sein kann, weil viele Bibliotheken heute mit Etatproblemen zu kämpfen haben und kaum neue Zeitschriften abonnieren können) für Ihr Thema viel hilfreicher sein. Das können Sie letztlich erst beurteilen, wenn Sie den Text vor sich haben. Beschaffen Sie sich am besten von Anfang an umfassend Literatur zu Ihrem Thema, auch schon bei den ersten Seminararbeiten. Je früher Sie sich mit der Literaturrecherche vertraut machen, desto leichter fällt es Ihnen in Stress- und Prüfungssituationen, damit zurechtzukommen.

Wie Treffer exportieren? Während Sie bei gedruckten Bibliographien die für Sie interessanten Literaturangaben am besten abschreiben bzw. -tippen oder sich Kopien oder Scans aus dem Verzeichnis machen, um anschließend am OPAC Ihrer Bibliothek oder im KVK bzw. bei Zeitschriften in der ZDB zu ermitteln, wie Sie an die Texte gelangen, haben Sie bei den meisten elektronischen Verzeichnissen die Möglichkeit, die Treffer elektronisch weiterzuverarbeiten.

Zunächst können Sie die gewünschten Treffer markieren und in einen separaten *Ordner* abspeichern. Achtung: Wenn Sie die Datenbank schließen, wird dieser Ordner nicht gespeichert, es sei denn, die Datenbank bietet die Möglichkeit, sich persönlich einzuloggen. Suchanfragen und Treffermengen, die Sie in Ihrem *persönlichen Account* abspeichern, sind längere Zeit für Sie zugreifbar (bei manchen Datenbanken wird der Account allerdings nach einer längeren inaktiven Zeit gelöscht). Bei Suchanfragen, die Sie über einen längeren Zeitraum benötigen, bieten manche Datenbanken *Alert-Dienste* an: sobald in die Datenbank ein neuer suchprofilgerechter Treffer eingespielt wird, erhalten Sie eine E-Mail.

Datenbanken sind unterschiedlich gut mit Exportfunktionen ausgestattet. Bei manchen kann man lediglich die Treffermenge ausdrucken. Hierbei sollten Sie immer das „Vollformat" wählen, da bei Kurztitelanzeigen manchmal nicht alle nötigen Angaben erscheinen.

Andere haben keine offiziellen Exportfunktionen, aber man kann sich Treffer „von Hand" oder „zu Fuß" markieren und mit Copy & Paste beispielsweise in eine E-Mail einfügen, die man sich selbst zuschickt. Andere Methoden bestehen im Versand der Treffer aus der Datenbank heraus per *E-Mail*, im Speichern auf lokale Datenträger (*USB-Stick*) und in der Übernahme in ein eigenes *Literaturverwaltungsprogramm*.

Wie Treffer verwalten? Ob Sie Ihre Literatur säuberlich – und sie gleich in eine einheitliche Form bringend – von Hand abschreiben (was für das eigene Memorieren übrigens gar nicht verkehrt ist) oder ob Sie sich eine mit allen Raffinessen ausgestattete Literaturverwaltungssoftware zulegen, ist letztlich unerheblich – Hauptsache, Sie machen es ordentlich und behalten den Überblick. Die Literaturrecherche und -beschaffung ist keine Sache von einer halben Stunde, sondern je nach Umfang Ihrer Arbeit sind Sie mehrere Wochen immer wieder damit beschäftigt und verlieren viel Zeit, wenn Sie einen Text versehentlich zum zweiten Mal beschaffen oder ein weiteres Mal alle Datenbanken abfragen müssen, weil Sie vergessen haben, den Zeitschriftentitel für die wichtige Fernleihbestellung ordentlich zu notieren.

Ein Literaturverwaltungsprogramm kann Ihnen helfen, den Überblick zu behalten und die Literaturangaben zu gedruckten und elektronischen Publikationen abzuspeichern, anzureichern (z. B. mit Notizen, Schlagworten oder Abstracts) und mit anderen zu teilen. Neben Literaturangaben können Sie auch elektronische Volltexte hochladen, ganze Websites archivieren und nach Zitaten durchsuchen. Aus manchen Datenbanken können Literaturangaben in strukturierter Form übernommen werden und damit mehr oder weniger automatisch katalogisiert werden. Die Programme helfen Ihnen dabei, wenn Sie z. B. von einer Monographie eine ISBN (die früher neun- und heute dreizehnstellige Internationale Standardbuchnummer) eingeben, die Angaben zum Autor, Titel, Erscheinungsort und -jahr des Buches automatisch aus dem Netz zu ziehen.

Wie in einem Katalog oder einer Bibliographie lassen sich alle in Ihrem Literaturverwaltungsprogramm abgelegten Datensätze nach mehreren Kriterien durchsuchen. Außerdem bieten Ihnen die Literaturverwaltungsprogramme eine unterschiedliche Darstellung der Daten nach verschiedenen Zitierstilen an. Sie haben die Möglichkeit, die bibliographischen Angaben in der Reihenfolge Ihrer Zitate einer geplanten eigenen wissenschaftlichen Arbeit anzuzeigen, sie z. B. per Word-/OpenOffice-Plugin in die Arbeit zu übernehmen und ein Literaturverzeichnis automatisch daraus erstellen zu lassen.

Während einige Programme kostenfrei heruntergeladen werden können (z. B. *Zotero* und *CiteULike*), müssen andere Produkte gekauft werden (z. B. *Citavi, RefWorks* oder *EndNote*). Teilweise gibt es kostenlose Probeversionen. Einen guten Überblick über die unterschiedlichen Programme bietet die englische Wikipedia unter dem Stichwort *Comparison of reference management software*. Viele Hochschulen stellen den Studierenden und dem Lehrpersonal solche Verwaltungsprogramme aber auch als Campuslizenz zur Verfügung.

3.2 Dokumentlieferung

Was tun, wenn Sie einen wichtig erscheinenden Titel weder in Ihrer lokalen Bibliothek noch online im Volltext beschaffen können?

3.2.1 Fernleihe

Zunächst gibt es die klassische **Fernleihe:** In jeder wissenschaftlichen Bibliothek und auch in öffentlichen Büchereien kann man gegen eine geringe Schutzgebühr (meist 1,50 €) eine Fernleihbestellung aufgeben, wenn ein Buch oder eine Zeitschrift nicht vor Ort zu bekommen ist. Dann nämlich kommt das Buch leihweise oder der gewünschte Aufsatz (meist in Fotokopie) aus einer anderen deutschen Bibliothek zu Ihnen in Ihre Heimatbibliothek. Sie holen sich das Buch in der Bibliothek ab und geben es dort auch wieder zurück. Die Kopien dürfen Sie behalten. Sehr wertvolle und ältere Bücher (vor 1800) können Sie leider nicht im Original über die Fernleihe bestellen; davon werden Ihnen dann aber meist Mikrofilme, Fotokopien oder Scans angefertigt.

Etwas Geduld müssen Sie freilich mitbringen – oder andersherum: fangen Sie rechtzeitig vor dem Abgabetermin Ihrer Seminararbeit mit der Literaturbeschaffung an!

Auch aus dem Ausland können Sie im Rahmen des **Internationalen Leihverkehrs** Bücher und Fotokopien erhalten. Die Preise werden von der besitzenden Bibliothek bestimmt; bei der Bestellung können Sie eine obere Preisgrenze festlegen. Auf jeden Fall sollten Sie bei älteren, rechtefreien Titeln vorher gründlich recherchieren, ob das Werk nicht schon digitalisiert wurde und damit kostenlos zur Verfügung steht, denn ganz preiswert ist eine Auslandsbestellung nicht.

Viele Bibliotheken bieten eigene **Reproduktionsdienstleistungen** – insbesondere für urheberrechtlich nicht mehr geschützte Werke – an, deren Bedingungen Sie auf den jeweiligen Websites erfahren können.

Beim Recherchieren in ausländischen Verbundkatalogen werden Sie auch auf Fernleihmöglichkeiten stoßen, z. B. beim SUDOC (fourniture de documents bzw. PEB = prêt entre bibliothèques) oder beim Internetculturale (servizio fornitura documenti, servizio di prestito interbibliotecario bzw. ILL SBN (Inter Library Loan SBN)) bzw. im spanischen Verbundkatalog REBIUN (Préstamo interbibliotecario). Diese Dienstleistungen sind aber vor allem für einheimische Benutzer gedacht, das heißt Sie können sie nur nutzen, wenn Sie beispielsweise im Ausland studieren und einen Bibliotheksausweis einer dortigen Bibliothek besitzen.

Wenn es einmal ganz schnell gehen muss: Bei einigen Datenbanken kann man auch einzelne Artikel oder einen mehrstündigen Zugang mit dem sog. **Pay per view** oder **Pay per use** kaufen. Ihre Bibliothek bleibt bei diesem Vorgang gänzlich außen vor; der Preis kann beträchtlich sein.

Manchmal kann es auch schneller sein, ein Buch antiquarisch zu kaufen, z. B. bei Ebay, bei Amazon oder über das Zentrale Verzeichnis antiquarischer Bücher (www.zvab.de), über das tausende Antiquare ihr Angebot zugänglich machen (insgesamt über 25 Millionen Titel). Dort sind manchmal auch liebevolle inhaltliche Beschreibungen von Büchern zu finden, die einzuschätzen helfen, ob das Werk wirklich für Sie taugt.

3.2.2 Subito

Teurer, aber schneller als die klassische Fernleihe ist Subito, der Dokumentlieferdienst wissenschaftlicher Bibliotheken aus Deutschland, Österreich und der Schweiz. Hierbei werden Ihnen die Bücher oder Kopien direkt an Ihre Privatadresse geliefert (Subito Direct Customer Service). Sie melden sich als Privatperson bei Subito als Kunde an. In den mit Subito kooperierenden Bibliotheken laufen *subito*, nachdem Sie einen Aufsatz aus der ca. 1 Million zur Verfügung stehenden Zeitschriften bestellt haben, Mitarbeiter los und scannen Ihnen das Gewünschte (ab 5 €). Außerdem können Sie „viele Millionen Bücher aus allen Ländern der Welt und aus allen Bereichen der Wissenschaft, Wirtschaft, Gesellschaft und Politik" bestellen, was für Sie als Studierende (Kundengruppe 1) zwischen 9 und 16 € kostet. Die Lieferzeit liegt meist zwischen zwei und sechs Tagen. Auf der Website www.subito-doc.de ist alles detailliert beschrieben.

3.2.3 RefDoc

Der französische Dokumentlieferdienst RefDoc (www.refdoc.fr), verantwortet vom *Institut de l'information scientifique et technique* des CNRS, beginnt preislich bei 11 € für einen Aufsatz (je nach Bestellweg und Lieferweg) und erreicht schnell bis zu 40 € für eine télécopie im Eilt-Service, teilweise noch darüber hinaus. Bezahlt werden kann mit Master-/Kreditkarte, über Paypal oder durch vorherige Einzahlung von mind. 50 € auf ein "Compte UC" (unités de compte).

3.2.4 eBooks on Demand (EOD)

Einige europäische Bibliotheken haben sich zu dem Service *eBooks on Demand (EOD)* zusammengeschlossen, bei dem zwischen 1500 und 1900 erschienene Bücher auf Wunsch kostenpflichtig eingescannt und Ihnen als PDF-Datei zugeschickt oder zum Download bereitgestellt werden. Anschließend werden die Digitalisate meist in die Digitalen Sammlungen der jeweiligen Bibliothek, die das Buch gescannt hat, aufgenommen und stehen weiteren Benutzern kostenlos zur Verfügung. Die Preise betragen zwischen 40 € und 100 € pro Buch (inklusive OCR-Erfassung), für Universitätsangehörige manchmal weniger.

---

www.books2ebooks.eu/   Link

3.3 Literatur richtig zitieren

Warum zitieren? Die Wissenschaften sind nicht erst seit gestern derart ausdifferenziert, dass es für einen Einzelnen nahezu unmöglich wäre, ein wissenschaftliches Thema ausschließlich auf der Grundlage eigener Erkenntnisse umfassend darzustellen. Die wissenschaftliche Arbeit beruht daher stets auf den Leistungen von Vorgängern, auch wenn sie sie manchmal in Frage gestellt hat. Oft werden gerade dadurch wissenschaftliche Diskurse angeregt und Fortschritte erreicht.

Deshalb ist die **Auseinandersetzung mit der bestehenden Forschungsliteratur** ein wesentliches Charakteristikum wissenschaftlicher Texte. Sie müssen als Autor durch Zitate und die Quellenangabe belegen, wo Sie auf der Erkenntnis vorangegangener Forschungsarbeiten aufbauen und wo Sie von der bisherigen Forschungsmeinung abweichen. Außerdem dokumentieren Sie damit, dass Sie die Forschungsliteratur zu Ihrem Thema hinreichend gelesen haben und fachlich überblicken. Zudem wird durch Zitate und Fußnoten deutlich, welchen Anteil Sie selbst an Ihrer Arbeit erbracht haben.

Wenn Sie wissenschaftliche Leistungen anderer in Ihre eigene Arbeit übernehmen, ohne dies kenntlich zu machen, geben Sie sich den Anschein, diese selbst hervorgebracht zu haben. In diesem Fall spricht man von einem **Plagiat** (Diebstahl geistigen Eigentums) – und zwar nicht nur, wenn Sie wörtlich „abschreiben": Auch Paraphrasen, Bearbeitungen und Übersetzungen gelten als unerlaubte Übernahme fremden geistigen Gedankenguts. Plagiate sind dabei kein Kavaliersdelikt, sondern verstoßen gegen gesetzliche Bestimmungen (v.a. gegen das Urheberrecht) und können massive Konsequenzen nach sich ziehen, z. B. Ausschluss von einer Prüfung, Exmatrikulation oder Aberkennung eines akademischen Grades. An vielen Hochschulen sind bereits bei Hausarbeiten förmliche Erklärungen abzugeben, in denen Sie als Autor versichern, die Arbeit selbstständig angefertigt zu haben und alle verwendeten Quellen ordnungsgemäß zitiert zu haben. Für die Aufdeckung von Plagiaten setzen viele Universitäten leistungsfähige Programme ein – am sichersten schützen Sie sich also vor dem Plagiatsvorwurf, indem Sie alle für die Arbeit verwendeten Texte und Quellen sorgfältig zitieren.

Was zitieren? Zitieren Sie nach Möglichkeit anerkannte Literatur und vermeiden Sie Zitate aus sehr populären, nicht wissenschaftlichen Publikationen. Bei Primärliteratur sollten Sie nicht aus einer übersetzten x-beliebigen Taschenbuchausgabe, sondern stets in der Originalsprache und aus einer renommierten Gesamtausgabe oder der historisch-kritischen Ausgabe zitieren, damit Ihre Leser das Zitat leicht überprüfen können, da diese Ausgaben überall verbreitet sind.

Es ist unnötig, unstrittige Fakten zu belegen, die in jedem Brockhaus stehen (das Geburtsjahr eines Dichters oder das Entstehungsjahr eines Werkes der Weltliteratur). Zitieren Sie möglichst immer aus der neuesten Ausgabe eines wissenschaftlichen Fachbuches. Und schließlich: Zitieren Sie nicht aus zweiter Hand, sondern beschaffen Sie sich möglichst immer das Originalzitat.

Wie zitieren? Es existieren viele Ratgeber zum richtigen Zitieren, und doch gibt es keine einheitlichen Regeln. Das Wichtigste ist, dass Sie sich über die Funktion der Zitate im klaren sind: Der Leser Ihres Textes soll (durch Anführungszeichen, evtl. durch Einrückung und Quellenangaben) auf ein verwendetes Dokument aufmerksam werden, und er soll in die Lage versetzt werden, es im Bedarfsfall überprüfen zu können. Dazu müssen die Zitate formal einheitlich gestaltet sein und alle wichtigen bibliographischen Daten enthalten.

Für die einheitliche Gestaltung der bibliographischen Daten gibt es keine feststehenden Regeln. Achten Sie vor allem darauf, dass Sie alle Literaturangaben einheitlich gestalten. Sollten an Ihrer Hochschule oder in Ihrem Fachbereich die Zitiervorschriften nicht festgelegt worden sein, ist es im Grunde gleichgültig, für welches System Sie sich entscheiden, Hauptsache, die innere Homogenität ist gewahrt.

Es existieren verschiedene **Zitierstile**, die angeben, in welcher typographischen Gestaltung, in welcher Reihenfolge und in welchem Umfang die unterschiedlichen Elemente eines Zitats wiedergegeben werden und mit welchen Zeichen sie miteinander verknüpft werden sollen.

Dasselbe Zitat kann je nach Zitierstil ganz unterschiedlich aussehen:

Reichel, Edward. „Das Preußenbild in der französischen Literatur des 19. und 20. Jahrhunderts." *Französisch heute* 17 (1986): 419–432. (MLA-Stil)

Reichel, Edward (1986): „Das Preußenbild in der französischen Literatur des 19. und 20. Jahrhunderts". In: Französisch heute 17, S. 419–432. (Niederhauser: Duden, Die schriftliche Arbeit)

Reichel, Edward: Das Preußenbild in der französischen Literatur des 19. und 20. Jahrhunderts. In: Französisch heute 17 (1986). S. 419–432. (Moennighoff/ Meyer-Krentler: Arbeitstechniken Literaturwissenschaft)

Reichel, Edward: Das Preußenbild in der französischen Literatur des 19. und 20. Jahrhunderts. In: Französisch heute 17 (1986). S. 419–432 (DIN 1505-2 kurz)

Ich persönlich möchte Ihnen empfehlen, stets so viele bibliographische Detail-Angaben wie möglich zu machen, um Ihren Lesern das Wiederauffinden zu erleichtern. So würde ich im obigen Beispiel nicht nur schlicht 17 schreiben, sondern verraten, dass es sich um den Jahrgang handelt, also: Jg. 17. Außerdem würde ich Heft 4 ergänzen (das kann bei der Bestellung aus dem Magazin Ihrer Bibliothek hilfreich sein) und bei einer Zeitschrift, die einen nicht ganz so seltenen Titel hat, würde ich noch den Erscheinungsort ergänzen. Was glauben Sie, wieviele Zeitschriften z. B. *Lettres* heißen?

Bei Artikeln aus Tageszeitungen sollten Sie – gerade wenn sie nicht digital vorliegen – auch den Wochentag ergänzen und wenn möglich die Nummer der Ausgabe, gegebenenfalls auch die Beilage sowie die Seitenzahl.

Bei fast allen Literaturverwaltungsprogrammen können Sie aus einer Vielzahl von Zitierstilen auswählen, in die Ihre Literaturangaben automatisch umgewandelt werden. Werfen Sie aber auf jeden Fall noch einen Blick darauf, ob es gut geklappt hat! Notfalls müssen Sie von Hand nachbessern.

Bibliographische Daten

Bei der Buchveröffentlichung eines Verfassers (sog. **Verfasserschrift**) sollten Sie folgende Angaben in Ihre bibliographische Beschreibung aufnehmen, und dies sowohl in der ersten Fußnote als auch im Literaturverzeichnis am Ende der Arbeit:

- **Verfasser:** Familiennamen und (der erste) Vorname müssen vollständig angegeben werden. In der Regel werden bis zu drei Verfasser angegeben. Bei mehr als drei Verfassern wird nur der erste genannt, die Namen der anderen werden durch „u. a." abgekürzt. Bei französischen Nachnamen mit einem Namensbestandteil wird dieser üblicherweise *hinter* den Vornamen (Beauvoir, Simone de), bei italienischen *vor* den Familiennamen gesetzt (D'Annunzio, Gabriele). Spanier haben oft zwei Nachnamen (García Lorca, Federico). Im Zweifelsfall vergewissern Sie sich in einem Bibliothekskatalog, wie es dort gehandhabt wird.
- **Titel:** Der Titel muss ebenfalls vollständig angegeben werden, inklusive des Untertitels.
- **Ort:** Gemeint ist der Verlagsort. Bei mehreren Orten wird mitunter nur der erste genannt, die anderen mit „u. a." abgekürzt.
- **Jahr:** Gemeint ist das Erscheinungsjahr der Publikation in der vorliegenden Auflage.
- **Auflage:** Ab der zweiten Auflage sind die Zahl und ggf. die Zusätze anzugeben (z. B. 3., vollst. überarb. und aktualis. Aufl.)
- **Reihentitel:** Bei gezählten Serien sollten Sie immer den Reihentitel (ggf. den Untertitel) und die Nummer angeben (z. B. Romanistik in Geschichte und Gegenwart. Beiheft, 14). Ungezählte Serien brauchen Sie nicht anzugeben (z. B. *Collection Papier blanc encre noire*).

Die im Folgenden aufgeführten Beispiele orientieren sich am Zitierstil „Arbeitstechniken Literaturwissenschaft" von Burkhard Moennighoff und Eckhardt Meyer-Krentler. Erkundigen Sie sich aber bei Ihren Dozenten, ob für Ihre Universität gesonderte Vereinbarungen existieren!

Verfasser-
schrift

Mögliches Darstellungsschema:
Verfassername, Vorname: Titel. Untertitel. Auflage [falls nicht 1. Aufl.]. Ort: Verlag
Jahr (= Reihentitel mit Zählung)
Beispiel:
Schpak-Dolt, Nikolaus: Einführung in die französische Morphologie. 3., durchges.
und erg. Aufl. Berlin [u. a.]: de Gruyter 2010 (= Romanistische Arbeitshefte 36)

Wenn ein Buch nicht von einem Verfasser allein geschrieben wurde, sondern mehrere Beiträge von unterschiedlichen Verfassern erhält, fungiert meist einer der Verfasser oder der Veranlasser des Bandes als Herausgeber. Man spricht von einem Sammelband oder -werk oder einer **Herausgeberschrift**.

Bei manchen Zitierstilen wird der Herausgeber wie ein Verfasser zitiert und erhält den nachgestellten Zusatz (Hrsg.) oder (Hg.). Bei anderen Zitierstilen wird der Name des Herausgebers erst nach dem Titel des Buches genannt: Hrsg. von xy, frz. édité par xy, span. xy (Ed./Eds.), ital. a cura di xy.

Wenn Sie ein Werk mit einem nachgestellten Herausgeber zitieren, müssen Sie es im Literaturverzeichnis alphabetisch unter dem Titel einordnen. Dabei bleiben bestimmte und unbestimmte Artikel unberücksichtigt. Den Titel *Der unbekannte Beckett* würden Sie also unter „U" einsortieren.

Sammel-
band/
Kongress-
akten/
Herausgeber-
schrift

Mögliches Darstellungsschema:
Titel. Untertitel. Hrsg. von Vorname Herausgebername. Auflage [falls nicht 1. Aufl.].
Ort: Verlag Jahr (= Reihentitel mit Zählung)
Beispiel:
Der unbekannte Beckett. Samuel Beckett und die deutsche Kultur. Hrsg. von Therese Fischer-Seidel [u. a.]. Frankfurt am Main: Suhrkamp 2005 (= Suhrkamp-Taschenbuch 3674)

Natürlich können Sie auch noch ergänzen, dass der Beckett-Tagungsband auf einem Kongress in Düsseldorf im Jahr 2004 beruht.

Bei **unselbstständigen Werken** (also Aufsätzen, die z. B. innerhalb eines Sammelbandes oder einer Zeitschrift erschienen sind), müssen Sie neben dem Autor und dem Titel des Aufsatzes unbedingt die bibliographischen Angaben des Sammelbandes oder die Zeitschrift angeben. Denn den Titel bzw. Herausgeber des Sammelbandes und den Titel der Zeitschrift muss Ihr Leser ja in den OPAC seiner Bibliothek eingeben, um auch an den Aufsatz gelangen zu können.

Zitate von unselbstständiger Literatur bestehen daher immer aus zwei Teilen: a) dem Titel des Aufsatzes und b) dem Titel der Publikation, in der der Aufsatz abgedruckt ist. Verbunden werden diese beiden Teile fast immer durch das Wort „In".

Aufsatz in einer Zeitschrift

Mögliches Darstellungsschema:
Verfassername, Vorname: Titel des Aufsatzes. Untertitel. In: Zeitschriftentitel Jahrgangsnummer (Jahr), S. x–y
Beispiel:
Regis, Veronica: Pasolini in Cina. In: Levia Gravia 5 (2003), S. 183–209

Bei Aufsätzen aus Sammelbänden und Herausgeberschriften wird zunächst der Name und Titel des Aufsatzes genannt, nach dem verbindenden „In" folgt dann statt der Zeitschrift der Titel des Sammelwerks.

Aufsatz in einem Sammelband

Mögliches Darstellungsschema:
Verfassername, Vorname: Titel des Aufsatzes. Untertitel. In:
Titel. Untertitel. Hrsg. von Vorname Nachname. Auflage [falls nicht die 1. Auflage]. Ort: Verlag Jahr (= Reihentitel mit Zählung), S. x–y
Beispiel:
Montfort, Hugo: Le suricate et la perdrix rouge dans la littérature sicilienne médiévale. In: Narrative der sieben Inseln. Hrsg. von Ewald Otter. Lausstein: Ed. Faucu 2011 (= Mediterranea 16), S. 7–35

Da sich die Inhalte von Websites und anderen Online-Dokumenten häufig ändern, ist bei Zitaten aus diesen Publikationen neben den wichtigsten Daten zur Auffindung des Dokuments auch das Datum anzugeben, an dem Sie das Dokument zuletzt aufgerufen haben.

Website

Mögliches Darstellungsschema:
Verfassername, Vorname: Titel. URL (Datum der letzten Überprüfung)
Beispiel:
Bibliothèque nationale de France (Paris): Emile Zola.
http://expositions.bnf.fr/zola/index.htm (15. 3. 2012)

Für Beiträge aus Blogs, Mailinglisten und Postings in Internetformen gibt es noch keine Zitierkonventionen. Achten Sie darauf, sowohl die Publikationsplattform (z. B. den Blog) also auch den gemeinten Beitrag und das Datum des Erscheinens wie auch des letzten Aufrufens in Ihrem Literaturhinweis zu benennen.

Tipp

Notieren Sie bei allen Dokumenten, die Sie verwenden, immer sofort die vollständigen bibliographischen Angaben. Wenn Sie einen Aufsatz aus einer Zeitschrift oder einem Sammelband kopieren oder scannen, investieren Sie am besten noch einen Scan für das Titelblatt (bei Büchern steht das Erscheinungsjahr allerdings oft auf der Rückseite der Titelseite, notieren Sie das dazu!). Nur so gehen Sie sicher, den Aufsatz später in Ihrer Arbeit sicher und vollständig zitieren zu können.

Zu guter Letzt wünsche ich Ihnen viel Erfolg für Ihr Studium, das Recherchieren und das Verfassen Ihrer wissenschaftlichen Arbeiten. – Bonne chance ! ¡Mucho éxito! In bocca al lupo!

Kontakt: Ulrike.Hollender@t-online.de

Anstelle eines Glossars

Verlässliche Erläuterungen zu allen Fachbegriffen, die Ihnen in diesem Buch und auch sonst bei der Literatur- und Informationsrecherche begegnen, bietet das Glossar auf der Website informationskompetenz.de – Vermittlung von Informationskompetenz an deutschen Bibliotheken.

www.informationskompetenz.de	Link

Für Fachtermini, die in französischen Datenbankbeschreibungen auftauchen, ist das deutsch-französische Wörterbuch Buch- und Bibliothekswesen von Dr. Ulrike Michalowsky sehr empfehlenswert:

http://info.ub.uni-potsdam.de/datenbanken/df_glossar/startglossar.php	Link

Weitere bibliothekarische Wörterbücher listet z. B. die Zentral- und Landesbibliothek Berlin auf:

http://linksammlungen.zlb.de/1.2.2.80.0.html	Link

Verzeichnis der Informationsressourcen

Hier werden alle im Haupttext genannten und beschriebenen Informationsressourcen noch einmal alphabetisch aufgeführt.

URLs sind nur dann genannt, wenn die Ressource kostenlos zugänglich ist. Bei lizenzpflichtigen Datenbanken und CD-Roms können Sie sich in DBIS (http://rzblx10. uni-regensburg.de/dbinfo) oder im OPAC Ihrer Bibliothek über die Zugangswege informieren. Den Standort von gedruckten Bibliographien recherchieren Sie im OPAC Ihrer Bibliothek. Zugang zu Nationallizenzen können Sie über eine Bibliothek oder als Forscher mit Wohnsitz in Deutschland über www.nationallizenzen.de erlangen.

Noch mehr Literaturhinweise, Ratgeber, Datenbanken, Bibliographien und Quellen

Nachfolgend werden weiterführende, im Haupttext nicht beschriebene Informationsressourcen kurz vorgestellt.

Wissenschaftliches Arbeiten, Literaturrecherche allgemein

Franke, Fabian; Klein, Annette; Schüller-Zwierlein, André: Schlüsselkompetenzen: Literatur recherchieren in Bibliotheken und Internet. Stuttgart: Metzler 2010. – VI, 145 S.

Handbuch Internet-Suchmaschinen. Hrsg. von Dirk Lewandowski.
Bd. 1: Nutzerorientierung in Wissenschaft und Praxis. Heidelberg: AKA 2009. – VIII, 409 S.
Bd. 2: Neue Entwicklungen in der Web-Suche. ebd. 2011. – VIII, 382 S.

Jele, Harald: Wissenschaftliches Arbeiten in Bibliotheken. Einführung für Studierende. 2., vollst. überarb. und erw. Aufl. München u. Wien: Oldenbourg 2003. – 145 S.

Jele, Harald: Wissenschaftliches Arbeiten: Zitieren. 2. Aufl. München u. Wien: Oldenbourg 2006. – 145 S. (3. Aufl. für 2012 angekündigt).

Jeßing, Benedikt: Bibliographieren für Literaturwissenschaftler. Stuttgart: Reclam 2010. – 147 S.

Lotse (http://lotse.uni-muenster.de/)
Der Lotse ist eine von mehreren Bibliotheken kooperativ erstellte E-Learning-Website mit zahlreichen Informationen und Tipps zum wissenschaftlichen Arbeiten, die sich hauptsächlich an Studierende wendet. Anhand eines modularen Systems mit Skripten und Online-Tutorials (Videos zu Suchstrategien im Internet, Datenbanken und richtigem Zitieren) können Sie sich über allgemeine Literaturrecherche und über die Suchmöglichkeiten in einzelnen Fächern informieren.

Moennighoff, Burkhard; Meyer-Krentler, Eckhardt: Arbeitstechniken Literaturwissenschaft. 15., überarb. Aufl. Paderborn: UTB [u. a.] 2011. – 141 S.

Niederhauser, Jürg: Duden, Die schriftliche Arbeit. In Zusammenarbeit mit der Dudenredaktion. Mannheim, Zürich: Dudenverl. 2011. – 80 S.

Niedermair, Klaus: Recherchieren und Dokumentieren. Der richtige Umgang mit Literatur im Studium. Konstanz: UVK 2010. – 208 S.

Standop, Ewald; Meyer, Matthias L. G.: Die Form der wissenschaftlichen Arbeit. Grundlagen, Technik und Praxis für Schule, Studium und Beruf. 18., bearb. und erw. Aufl. Wiebelsheim: Quelle & Meyer 2008. – XV, 277 S.

Die Technik wissenschaftlichen Arbeitens. Eine praktische Anleitung. Hrsg. von Norbert Franck u. Joachim Stary. 16., überarb. Aufl. Paderborn [u. a.]: Schöningh 2011. – 307 S.

Theisen, Manuel René: Wissenschaftliches Arbeiten. Technik – Methodik – Form. 15., aktualisierte und erg. Aufl. München: Vahlen 2011. – XXII, 309 S.

Romanistik

Allischewski, Helmut: Bibliographienkunde. Ein Lehrbuch mit Beschreibungen von mehr als 300
Druckschriftenverzeichnissen und allgemeinen Nachschlagewerken. 2. Aufl. Wiesbaden:
Reichert 1986. – XVIII, 380 S.
Für gedruckte Allgemeinbibliographien (z. B. die nationalbibliographischen Verzeichnisse für
Frankreich, Belgien, Italien und Spanien) immer noch das Standardwerk schlechthin.

Bibliographica Romanica. Hrsg. von Wolfgang Hillen und Ludwig Rheinbach.
Bd. 1: Rheinbach, Ludwig: Die laufenden Bibliographien zur romanischen Sprachwissenschaft.
Eine vergleichende Untersuchung. Bonn: Romanistischer Verl. 1985. – 142 S.
Bd. 2: Einführung in die bibliographischen Hilfsmittel für das Studium der Romanistik.
Bd. 2,1: Hillen, Wolfgang; Rheinbach, Ludwig: Französische Sprach- und Literatur-
wissenschaft. 2., überarb. und aktualisierte Aufl. Bonn: Romanistischer Verl. 1989. – 60 S.
Bd. 2,2: Klapp-Lehrmann, Astrid; Hillen, Wolfgang: Italienische Sprach- und Literatur-
wissenschaft. Bonn: Romanistischer Verl. 1991. – 58 S.
Schon etwas älter, aber immer noch lesenswert, da sehr ausführlich zu den gedruckten
Bibliographien, kenntnisreich und noch mit weiteren Literaturhinweisen (z. B. zu „versteckten"
Bibliographien innerhalb von Fachzeitschriften).

Carlier, An: Guide de la documentation bibliographique en linguistique générale et française.
Namur: Bibliothèque Universitaire Moretus Plantin 1987. – 99 S.

GöDISS (www.goediss.de.vu/)
Die an der Universität Göttingen entstandene frei zugängliche Datenbank enthält Aufsätze
zur Sprachdidaktik v.a. der romanischen Sprachen aus mehr als 70 Zeitschriften. Insgesamt
finden Sie dort 30 000 Einträge zu den Themen Sprachlehr- und Sprachlernforschung sowie zur
Didaktik und Methodik des Fremdsprachenunterrichts.

Literature Online
Diese lizenzpflichtige Datenbank enthält zwar vorwiegend Primär- und Sekundärliteratur von
und über englische und amerikanische Autorinnen und Autoren, aber auch durchaus Material zur
Weltliteratur und somit auch zu vielen romanischen Autoren (über 1000 französische Autorinnen
und Autoren, je über 400 spanische und italienische Autoren, außerdem 300 aus der Karibik und
400 aus Lateinamerika etc.). Dies können Lexikoneinträge sein, Sekundärliteratur über diese
Schriftsteller in englischsprachigen Zeitschriften sowie mitunter Übersetzungen ins Englische.

Schreiber, Klaus: Bibliographie laufender Bibliographien zur romanischen Literaturwissenschaft.
Ein kritischer Überblick 1960–1970. Frankfurt am Main: Klostermann 1971. – 80 S.
Schon etwas älter, aber immer noch lesenswert.

Totok, Wilhelm; Weitzel, Rolf: Handbuch der bibliographischen Nachschlagewerke. Hrsg. von Hans-
Jürgen und Dagmar Kernchen, Bd. 2 (Fachbibliographien und fachbezogene Nachschlagewerke).
6. Aufl. Frankfurt am Main: Klostermann 1985. – Darin S. 171 ff.: Romanistik.
Noch ein Standardwerk – der „Totok-Weitzel".

The year's work in modern language studies. Publ. for the Modern Humanities Research Association.
Oxford [u. a.]: Univ. Press: 1.1929/31 (1932) –
Auch als Online-Ausgabe über PAO (derzeit bis einschließlich Jahrgang 56.1994).
Bei YWMLS handelt es sich um einen englischen bibliographischen Jahresbericht in Fließtextform
über Neuerscheinungen eines Jahres, teilweise mit kurzen Wertungen.

Galloromanistik

Arbour, Roméo: Répertoire chronologique des éditions de textes littéraires: l'ère baroque en France. Genève: Droz 1977–1985, Pt. 1 (1977)–4 (1985)
Pt. 1: 1585–1615
Pt. 2: 1616–1628
Pt. 3: 1629–1643
Pt. 4: Supplement 1585–1643
Schon älter, aber immer noch wichtig.

Bibliographie Française: Du XVe siècle à 2003, München: Saur [zuletzt erschienen] 2003.
CD-ROM. Zwar nicht mehr aktualisiert, aber aufgrund der Fülle der Daten für französischsprachige Literatur ab dem 15. Jahrhundert immer noch brauchbar. Enthält weltweit veröffentlichtes Schrifttum in französischer Sprache; über 2 800 000 Einträge auf der Grundlage von Beständen bedeutender Bibliotheken Nordamerikas.

Bossuat, Robert: Manuel bibliographique de la littérature française du Moyen Age. Melun: Libr. d'Argences 1951–1961 mit Supplementen
Weitgehend vollständige Bibliographie zur altfranzösischen Literatur. Schon älter, aber immer noch wichtig.

Cairn.info (www.cairn.info)
Plattform für französische elektronische Zeitschriften aus den Sozial- und Geisteswissenschaften. Mittlerweile sind ca. 200 Zeitschriften vertreten: Im Bereich Sprach- und Literaturwissenschaft finden Sie die Inhaltsverzeichnisse und meist auch kostenlos die Volltexte. Die frühesten verfügbaren Nummern stammen aus dem Jahr 2000, manchmal auch erst aus den Jahren um 2005. Auch Nachschlagewerke wie die Que sais-je-Bände sind Wort für Wort durchsuchbar und mit etwa 3–5 € pro Kapitel käuflich zu erwerben.

Catalogue collectif de France (CCFr) (http://ccfr.bnf.fr)
Simultane Durchsuchbarkeit des Katalogs der Französischen Nationalbibliothek, des Verbundkatalogs der französischen Universitätsbibliotheken (SUDOC) und des Retropool (Base Patrimoine), in dem Druckschriften vor 1914 aus über 60 bedeutenden Spezialbibliotheken und Wissenschaftlichen Stadtbibliotheken sowie Handschriften (Base Manuscripts) nachgewiesen sind, insgesamt über 30 Millionen Dokumente. Außerdem Adressverzeichnis und Beschreibung der Bestände von ca. 5000 Bibliotheken und Dokumentationszentren in Frankreich (Répertoire).

Cioranescu, Alexandre: Bibliographie de la littérature française du seizième siècle. Paris: Klincksieck 1959. – XIV, 745 S.
Laut Totok-Weitzel ein „nahezu vollständiges Standardwerk".

Cioranescu, Alexandre: Bibliographie de la littérature française du dix-septième siècle. Paris: Centre National de la Recherche Scientifique 1965–1966.
T. 1: Généralités; A–C (XIV, 666 S.)
T. 2: D–M (S. 667–1510)
T. 3: N–Z, Index (S. 1511–2233)
Schon älter, aber weiterhin relevant.

Cioranescu, Alexandre: Bibliographie de la littérature française du dix-huitième siècle. Paris: Centre National de la Recherche Scientifique 1969.
> T. 1: Généralités; A–D (X, 760 S.)
> T. 2: E–Q (S. 762–1439)
> T. 3: R–Z et index (S. 1442–2137)
> Älter, aber weiterhin wichtig.

Electre (www.electre.com)
> Lizenzpflichtige Online-Datenbank. Verzeichnis der derzeit lieferbaren Bücher im französischen Buchhandel. Auch französischsprachige Publikationen des Auslands werden verzeichnet.

Erfurt, Jürgen; Amelina, Maria: La francophonie. Bibliographie analytique de la recherche internationale 1980–2005. Frankfurt am Main [u. a.]: Lang 2011 (= Sprache, Mehrsprachigkeit und sozialer Wandel 11). – 763 S.
> Bibliographie der zwischen 1980 und 2005 publizierten wissenschaftlichen Forschungsliteratur (Monographien und Aufsätze aus Sammelbänden, Kongressberichten und Fachzeitschriften). Keine Dissertationen, keine reinen Internetveröffentlichungen. Interdisziplinäres Spektrum im Sinne der „area studies": Sprach- und Literaturwissenschaft, Geschichte, Geographie, Soziologie, Wirtschaft, Politikwissenschaft.

Gerstmann, Dieter: Bibliographie Französisch: Autoren. Stuttgart: Ibidem-Verl. 2008. – 713 S.

Gerstmann, Dieter: Bibliographie Französisch für Studium, Lehre und Praxis. Didaktik, Methodik, Sachbegriffe, Eigennamen, Grammatik. Frankfurt am Main [u. a.]: Lang 2006.
> Teil 1: A–L (S. 1–646), Teil 2: M–Z (S. 647–1159).

Hispanistik

Base de datos de libros editados en España
> (www.mcu.es/libro/CE/AgenciaISBN/BBDDLibros/Sobre.html)
> Datenbank aller in Spanien seit 1972 erschienenen Bücher, erstellt von der nationalen ISBN-Agentur. Spanien schloss sich 1972 dem System der Internationalen Standardbuchnummer (ISBN) an.

Bibliografía general española. Siglo XV – 2004, München [u. a.]: Saur [zuletzt erschienen] 2004.
> CD-ROM, zwar nicht mehr aktualisiert, aber aufgrund der Fülle der Daten für spanischsprachige Literatur ab dem 15. Jahrhundert immer noch brauchbar. Enthält weit mehr als 1 Million spanischsprachige, weltweit veröffentlichte Titel; klassische und moderne Literatur, wissenschaftliche Literatur, Konferenzschriften, juristische Literatur, Sachbücher und Zeitschriften; umfangreichste Bibliographie zum Bestand spanischer Titel der wichtigsten Bibliotheken der Welt (British Library, Library of Congress u. a.).

Bibliografía de la Literatura Española desde 1980
> Diese lizenzpflichtige Datenbank des Anbieters Chadwyck-Healey (als CD-ROM und Online-Datenbank) verzeichnet Primär- und Sekundärliteratur zur spanischen Literatur vom Mittelalter bis zur Gegenwart, die ab 1980 inner- und außerhalb Spaniens erschienen ist (ca. 150 000 Einträge). Berücksichtigt werden auch die spanischsprachigen lateinamerikanischen Länder und die Philippinen vor ihrer jeweiligen Unabhängigkeit. Neben Monographien werden auch Periodika, Festschriften, Kongressakten usw. ausgewertet. Die Datenbank ist allerdings nur in wenigen deutschen Bibliotheken vorhanden.

Bibliographie der Hispanistik in der Bundesrepublik Deutschland, Österreich und der
deutschsprachigen Schweiz. Im Auftrag des Deutschen Hispanistenverbandes hrsg. von
Christoph Strosetzki.
Als gedruckte Bände erschienen: Frankfurt am Main: Vervuert 1.1978/81 (1988) – 9.2005/07 (2009).
Aus dem Vorwort zur letzten gedruckten Ausgabe: „Inzwischen sind große Teile der
Bibliographie der Jahre 1978 bis 2001 über eine Datenbank im Internet [kostenlos] unter
www.hispanistikbibliographie.uni-muenster.de/ zu konsultieren.
Bis zur vollständigen Bereitstellung der Datenbank bleibt noch die in einer durchgängigen
Systematik aufgelisteter Bibliographie der Jahre 1978 bis 2001 konsultierbar unter www.uni-
muenster.de/Hispanistikbibliographie".
Hier finden sich: Jahre 1978–2001 als HTML-Text mit Möglichkeit der Google-Suche innerhalb
dieser Seiten sowie die Jahre 2002–2004 und 2005–2007 als PDFs.
Außerdem wird über Cibera eine Suchmaske angeboten: www.cibera.de/de/db.html/271

Biblioteca Virtual Miguel de Cervantes (www.cervantesvirtual.com)
Diese ab 1998 an der Universität Alicante entwickelte und heute von verschiedenen spanischen
Ministerien geförderte virtuelle Bibliothek stellt – auch in Kooperation mit lateinamerikanischen
Ländern – ein umfangreiches Portal für die spanische und hispanoamerikanische Literatur- und
Kulturgeschichte dar (über 10000 Titel). Träger ist heute eine Stiftung unter dem Vorsitz des
Literaturnobelpreisträgers Mario Vargas Llosa.
Unter den „áreas" z. B.: die wichtigsten Klassiker der spanischen und lateinamerikanischen
Literatur, meist als verlässliche elektronische Versionen volltextdurchsuchbar, mitsamt vieler
Literaturangaben sowie Forschungstexte im Volltext (Literatura), ebenso Portale zu einigen
zeitgenössischen Autoren (Volltexte mit Erlaubnis der Verlage), zur Kinder- und Jugendliteratur,
zur Sprachwissenschaft und zur galizischen Literatur. Außerdem enthalten: digitalisierte
Ausgaben (Ediciones facsímiles) von Druck- und Handschriften, Tondokumente und Videos,
Bilder und Zeitschriften (Hemeroteca), schließlich „portales institucionales" wie etwa der Real
Academia Española (Zugang zu Digitalisaten aus der dortigen Bibliothek).

Centro Virtual Cervantes (http://cvc.cervantes.es/)
Vom spanischen Kulturinstitut Instituto Cervantes de España unterhaltenes Portal für
Spanischlehrer, Lernende und Studierende, Übersetzer sowie Hispanisten. Es ist in fünf Gebiete
unterteilt: Enseñanza, Literatura, Lengua, Artes y Ciencia. Enthalten sind z. B. Sprachvarietäten-
Videos (Interviews mit Spanischsprechern aus verschiedenen spanischsprachigen Ländern),
Material zu spanischsprachigen Schriftstellern (inkl. Bibliographie), digitalisierte Kongressakten,
Datenbanken (z. B. zu Neologismen) sowie Unterrichtsmaterialien und Sprachspiele. Ange-
schlossen sind ferner das Internetradio- und Fernsehprogramm des Instituto Cervantes.

Hispanic American Periodicals Index (HAPI Online) (http://hapi.ucla.edu/)
Bibliographische Datenbank, in der ca. 600 internationale Zeitschriften zu Mittel- und
Südamerika, zur Karibik sowie zu den Hispanos in den USA ausgewertet werden (über 275000
Zeitschriftenartikel).

LATINDEX (www.latindex.unam.mx/)
Von der Universität Mexiko-City unter Mitwirkung von fast zwanzig nationalen Dokumen-
tationsstellen produziertes kostenloses Informationssystem zu über 20000 wissenschaftlichen, technischen und kulturellen Zeitschriftentiteln (inkl. E-Journals) aus Lateinamerika, der
Karibik, Spanien und Portugal.

Muñoz Marquina, Francisco: Bibliografía fundamental sobre la literatura española (fuentes para su
estudio). Madrid: Ed. Castalia 2003. – 745 S.

Bibliografia. In: Nueva revista de filologiá hispánica. México: Centro de Estudios Lingüísticos y
Literarios, El Colegio de México, ab Jg. 14.1960.

> Eine wichtige und umfangreiche „versteckte" Bibliographie in der Fachzeitschrift NRFH, z.B.
> umfasst die Bibliographie im Jg. 2009 über 180 Druckseiten – Heft 1: S. 327–427, Heft 2: S. 831–
> 917 – und bietet über 3100 Literaturangaben. Auch online zugänglich über JSTOR (die Volltext-
> Durchsuchbarkeit der PDFs mildert den Nachteil der fehlenden Register ab). Berücksichtigt
> Sprach- und Literaturwissenschaft.

Simón Díaz, José: Bibliografía de la literatura hispánica. Madrid: Consejo Superior de
Investigaciones Científicas 1950–1994.

> Bisher sind 16 Bände erschienen: chronologisch angeordnete Bibliographie zu spanischen
> Autoren; geht derzeit bis zum Siglo de Oro (bis Pazos).

Italianistik

Bollettino di italianistica. Bibliografia e informazione culturale. Hrsg. von der Università degli Studi
di Roma La Sapienza. Roma: Carocci [u. a.] 1.1983 – 6.1991.

> Verantwortet von Alberto Asor Rosa, besteht die Zeitschrift in diesen Jahrgängen überwiegend
> aus einer Bibliographie zur italienischen Sprach- und Literaturwissenschaft, nach Jahrhunderten
> gegliedert und mit mehreren Registern versehen. Berichtsjahre: 1982–1986 sowie 1991.
> Fortsetzung: die Datenbank LIRA.

Cultura Italia (www.culturaitalia.it/)

> Während die Digitale Bibliothek in Internetculturale vor allem digitalisierte Bücher und
> Zeitschriften aus italienischen Bibliotheken nachweist, gelangen Sie über die Website Cultura
> Italia zusätzlich zu Digitalisaten aus italienischen Archiven und Museen. Das Portal ist mit
> diesem Dreiklang Bibliothek, Archiv und Museum somit das nationale Pendant zu Europeana –
> veramente „un patrimonio da esplorare"!

Liber Liber/Progetto Manuzio (www.liberliber.it)

> Bietet u. a. digitalisierte rechtefreie literarische Texte (z. B. Italo Svevos Romane als kostenlose
> PDFs, manche auch für 0,99 € als Spende für das Non-Profit-Unternehmen, mitunter auch als
> Hörbuch) samt Kurzbiographie. Auch Sekundärliteratur ist z. T. vorhanden. Insgesamt ca. 2300
> E-Books, darunter auch Dissertationen.

Puppo, Mario; Baroni, Giorgio: Manuale critico-bibliografico per lo studio della letteratura italiana.
4. ed. Torino: Soc. Ed. Internaz. 1994. – X, 594 S.

Linguistik

Bulletin analytique de linguistique française. Nancy: Centre pour un Trésor de la Langue Française
1.1969 – 32.1999; Erscheinen eingestellt.

The Linguist List (http://linguistlist.org/pubs/index.cfm)

> Forum-Website internationaler Linguisten mit der Möglichkeit, die Literaturangaben und kurze
> Beschreibungen der eigenen Publikationen in eine Datenbank einzubringen.

Online Contents Linguistik (www.ub.uni-frankfurt.de/ssg/ling_contents)
> Frei zugänglich ist diese Datenbank des DFG-Sondersammelgebiets Allgemeine Linguistik der Universitätsbibliothek Frankfurt am Main, die ca. 200 000 Angaben von Aufsätzen ab 1993 enthält. Nach einer kostenlosen Registrierung können Sie zudem aus 400 Zeitschriften auswählen, welche Inhaltsverzeichnisse Sie sich regelmäßig per E-Mail zuschicken lassen wollen. Der gedruckte Vorgänger: Current Contents Linguistik (CCL) 1.1973 – 34.2006.

Volltextdatenbanken zu Presseartikeln

Wenn Sie sich z. B. mit der Rezeption von Stéphane Hessels Essay Indignez-vous (Empört Euch) beschäftigen wollen, werden Sie vor allem in Tageszeitungen fündig werden.

Genios (www.genios.de/page/presse)
> Über die Datenbank Genios (früherer Name: GBI) erhalten Sie die Literaturangaben von tagesaktuellen und älteren Artikeln aus über 180 Zeitungen (darunter: Der Spiegel, Die Welt, DIE ZEIT, F.A.Z., FOCUS, Neue Zürcher Zeitung, Süddeutsche Zeitung. Der Tagesspiegel, taz, The Times). Das Archiv einzelner Tageszeitungen reicht bis 1983 zurück. Die Recherche in den Literaturangaben ist kostenlos, das Aufrufen der Artikel im Volltext dann kostenpflichtig. Wenn Sie etwas Interessantes gefunden haben, schauen Sie erst nach, ob Ihre Unibibliothek die Online-Archivausgabe der gewünschten Tageszeitung nicht lizenziert hat, denn dann können Sie die Artikel darin kostenlos aufrufen.

PRESSEDD – L'accès le plus complet à la presse francophone (www.pressedd.com)
> Zugang zu ca. 11 Mio. Zeitungsartikeln, Pressemitteilungen und Agenturmeldungen im Volltext, u. a. AFP seit 1983, L'Humanité seit 1991, Libération seit 1995 und Le Monde seit 1987. Wiederum ist die Recherche nach den bibliographischen Angaben der Artikel sowie ein Alert per E-Mail nach bestimmten Suchworten kostenlos, der Zugriff zum Volltext kostenpflichtig (ab 2,85 € pro Artikel).

Sachregister

Abbildungsnachweis

Die Abbildungen der Logos, Titelseiten etc. erfolgen mit freundlicher Genehmigung der Herausgeber und verantwortlichen Institutionen, Datenbankhersteller, Firmen bzw. Verlage, sofern die Verwendung für Schulungszwecke nicht ohnehin ausdrücklich gestattet ist.

ERFOLGREICH RECHERCHIEREN

Herausgegeben von Klaus Gantert

Jochen Haug
Erfolgreich recherchieren – Anglistik und Amerikanistik

Jens Hofmann
Erfolgreich recherchieren – Erziehungswissenschaften

Klaus Gantert
Erfolgreich recherchieren – Germanistik

Doina Oehlmann
Erfolgreich recherchieren – Geschichte

Ivo Vogel
Erfolgreich recherchieren – Jura

Angela Karasch
Erfolgreich recherchieren – Kunstgeschichte

Heinz-Jürgen Bove
Erfolgreich recherchieren – Politik- und Sozialwissenschaften

Ulrike Hollender
Erfolgreich recherchieren – Romanistik

Weitere Bände befinden sich in Planung.

DE GRUYTER
SAUR

www.ingramcontent.com/pod-product-compliance
Lightning Source LLC
Chambersburg PA
CBHW080543110426
42813CB00006B/1190